THE ☙☙ TIMES

Japanese
Logic Puzzles

First published in 2006 by Times Books

HarperCollins Publishers
77-85 Fulham Palace Road
London
W6 8JB

www.collins.co.uk

Hashi puzzles © Puzzler Media Limited
Slitherlink and Hitori Puzzles © Nikoli supplied under
licence by Puzzler Media Limited
Mosaic Puzzles © Conceptis supplied under licence by
Puzzler Media Limited

Reprint 10 9 8 7 6 5 4 3 2 1 0

The Times is a registered trademark of Times Newspapers Ltd

ISBN-13   978-0-00-723326-7
ISBN-10   0-00-723326-4

A catalogue record for this book is available from the British Library.

Printed and bound in Great Britain by Clays Ltd, St Ives plc.

Contents

Introduction

If you thought Su Doku was addictive, try the four new puzzles in this book. We have selected what we think are some of the most enthralling, testing and enjoyable games for you to try. Each has a different character.

In **Hashi**, you must connect a series of circles (islands) containing numbers by lines (bridges) so that the islands form one continuous connected path. Easy enough? Well there are naturally some extra rules to make life a little harder: the bridges must be straight lines, running horizontally or vertically between the islands; they cannot run diagonally. The bridges cannot cross each other or any island. The number of bridges connected to each island is the same as the number inside the island and there can be a maximum of two bridges between any two islands.

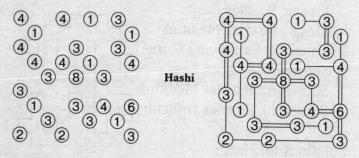

Hashi

Hitori (Japanese for 'single') requires you to paint out certain squares within a grid so that there are no duplicate numbers in any row or column. In this sense it is like Su Doku but there are naturally some twists: the shaded cells can only be joined diagonally; while 'white' (unshaded) cells must form a single group.

4	3	4	2	4	4	7	3
5	1	8	4	2	3	6	4
5	6	5	4	7	2	8	7
4	2	2	4	3	1	1	7
3	2	2	6	8	1	1	5
7	5	3	6	1	7	2	6
3	7	3	5	3	6	6	3
1	4	6	7	5	8	3	2

Hitori

In **Slitherlink**, you are faced with a grid containing dots and some numbers (0-3). The aim is to draw a continuous loop around the grid such that no lines cross each other or branch off. You are not allowed to draw lines around a zero and other numbers dictate how many lines are to be drawn around them (so two around '2', three around '3' etc). Dots with no numbers may have any number of lines. Finally the lines cannot be diagonal.

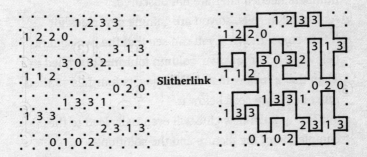

Slitherlink

Mosaic is based on looking at a square and those around it, rather than rows or columns of cells. Using simple logic alone, it is possible, from the numbers given, to fill in the grid and create a pixelated picture.

1. The grid contains numbers from 0 to 9, see Fig. 1. Most

cells have eight neighbours, making a block of nine cells. Cells along an edge have five neighbours and those in the corner only three. The number in a cell tells you how many of it and its neighbours are to be filled in.

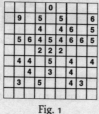

Fig. 1

Fig. 2

2. See Fig. 2. The nine cells in the top-left highlighted area must all be filled in and none of the squares around the zero can be filled so they are marked with x's. It is best to keep the shading and x'ing light at this stage, so that numbers needed later are not obscured.

3. As you fill in cells, so you are gaining new clues for future steps. In Fig. 3 you can see that the two squares below the '5' in row two, column four must be filled in. Then the '4' below that already has its four fills so there must be empty cells below it.

4. See Fig. 4. Each new clue will eventually lead to the completion of the picture and the solution.

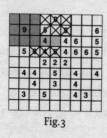

Fig. 3

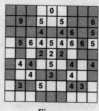

Fig. 4

Hashi

Instructions for Solving Hashi

Each circle with a number represents an island. Connect each island with up to two vertical or horizontal bridges so that the number of bridges per island equals the number inside each island and all islands are connected by a continuous path. Bridges cannot cross islands or other bridges.

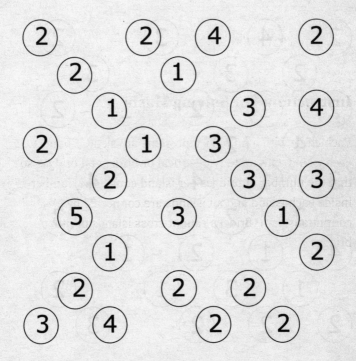

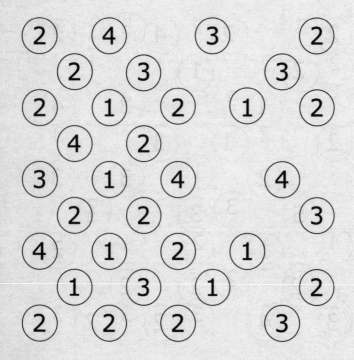

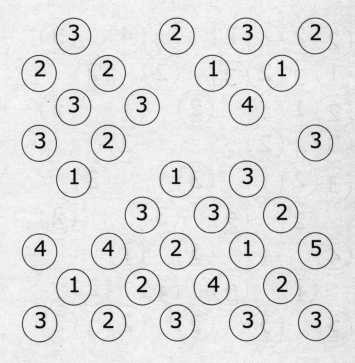

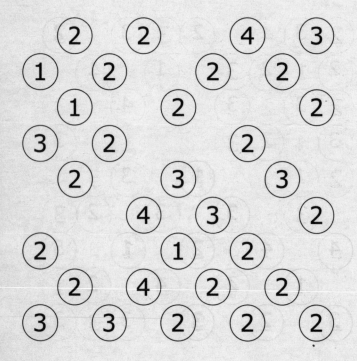

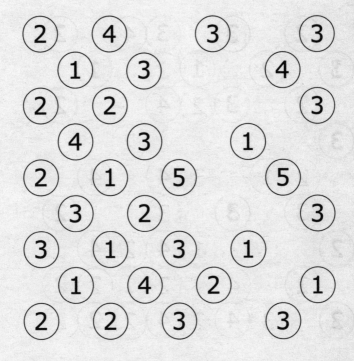

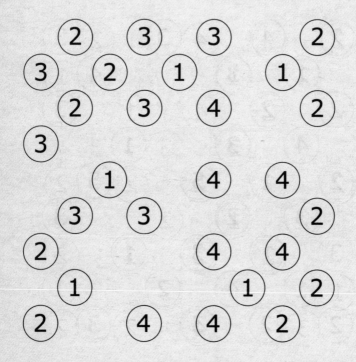

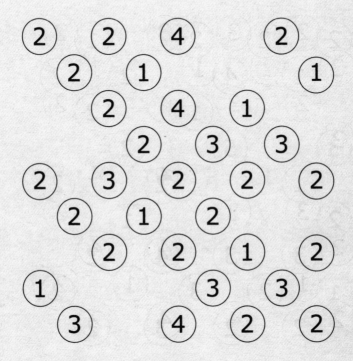

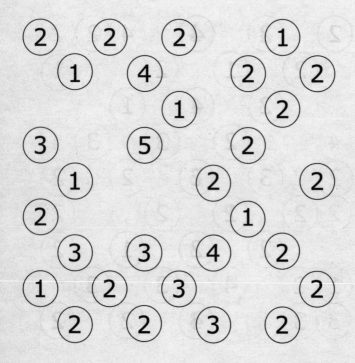

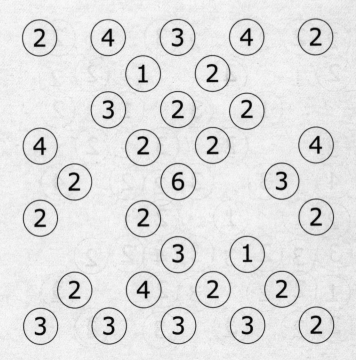

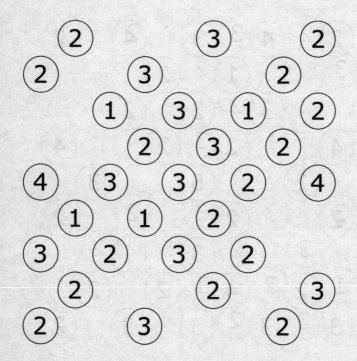

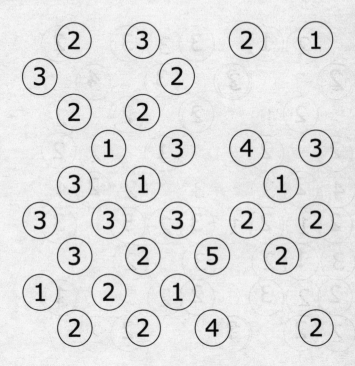

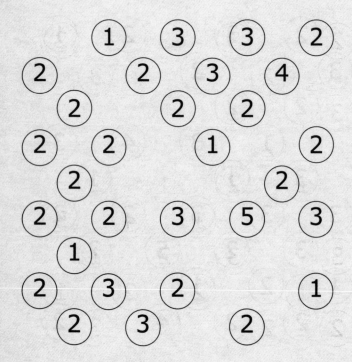

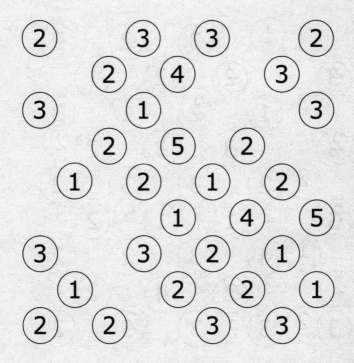

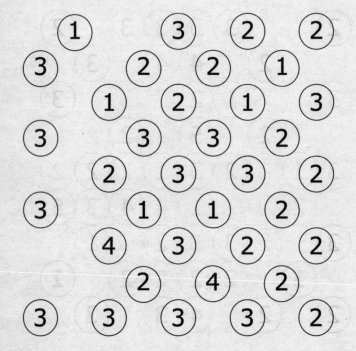

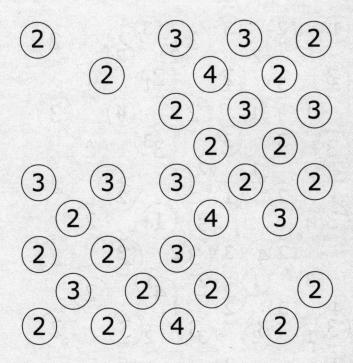

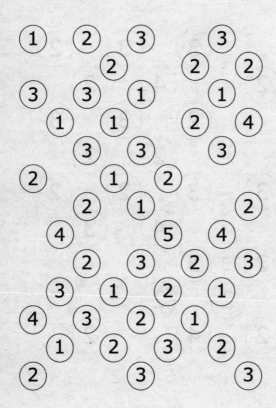

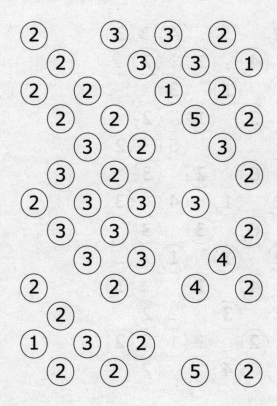

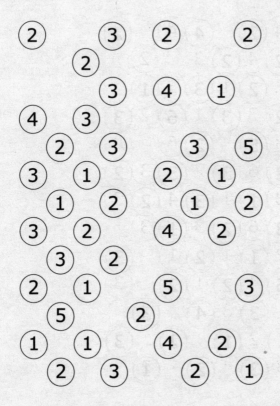

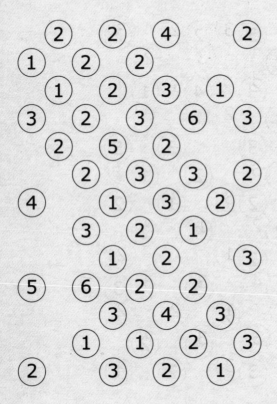

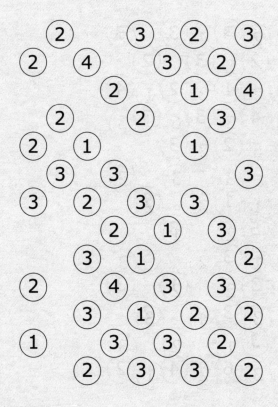

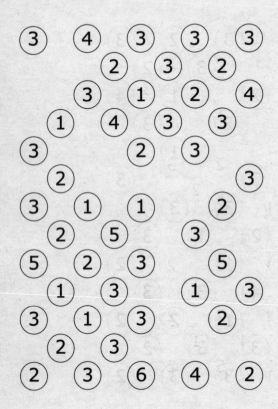

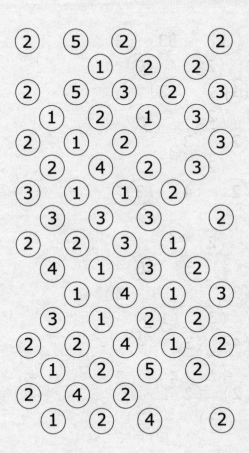

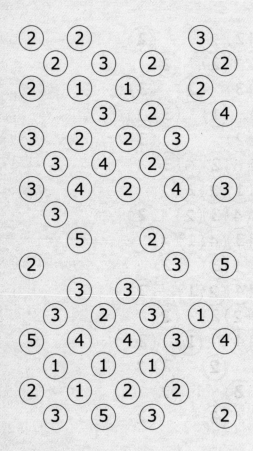

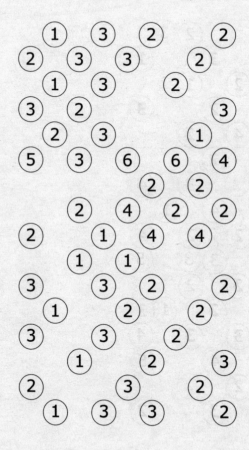

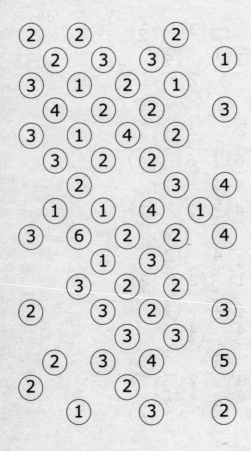

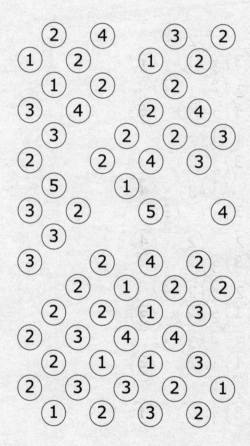

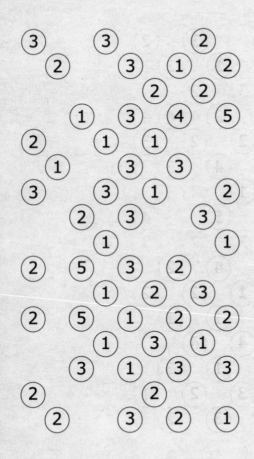

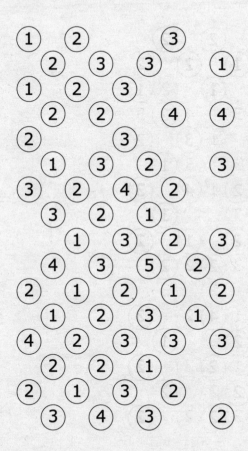

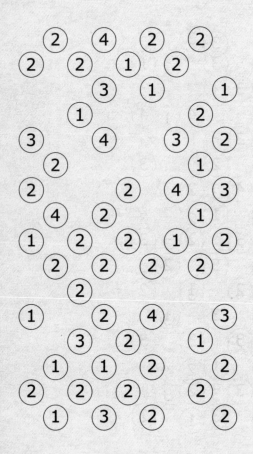

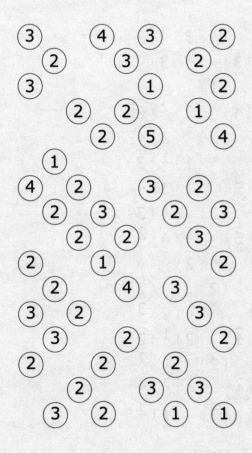

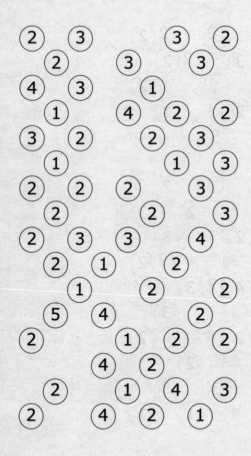

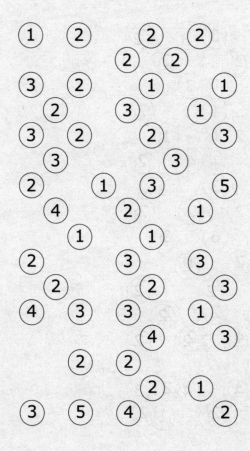

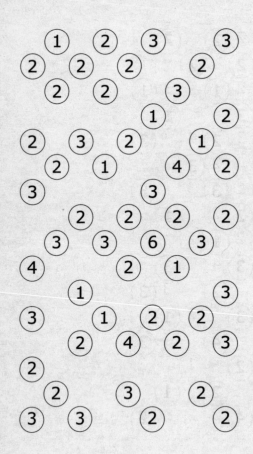

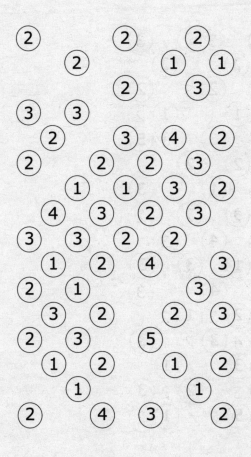

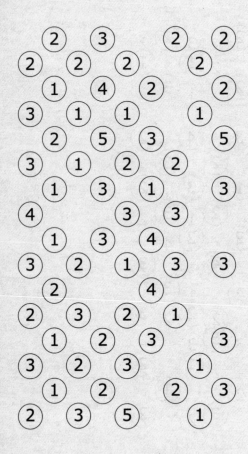

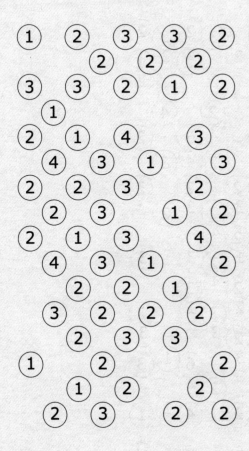

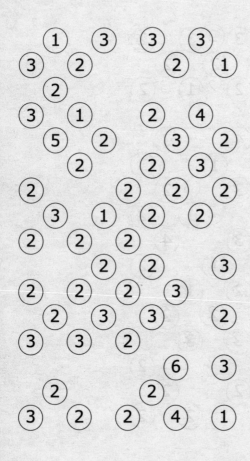

③ ② ③ ②
  ① ②
④ ② ② ③
  ① ② ② ②
② ② ② ③
  ② ② ③
③ ① ② ③
  ③ ④ ② ③
  ② ③ ②
  ② ① ①
② ① ⑤ ③ ②
  ② ③ ② ③
③ ① ② ② ③
  ② ⑥ ③ ①
② ①
  ① ③ ② ②

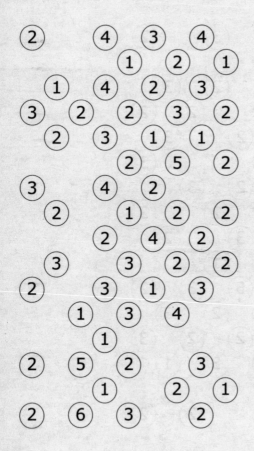

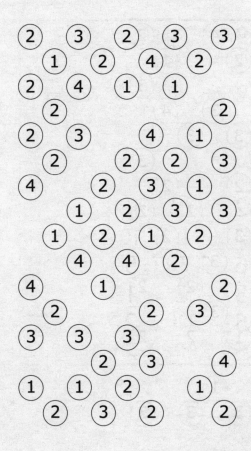

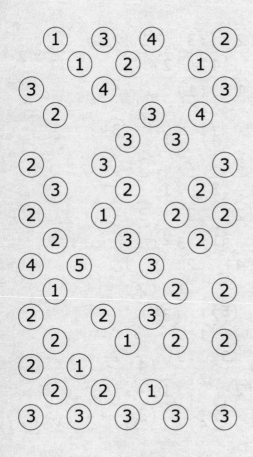

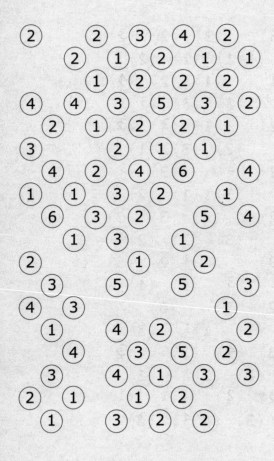

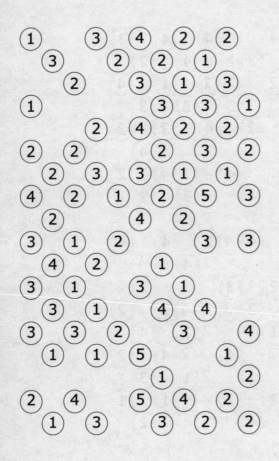

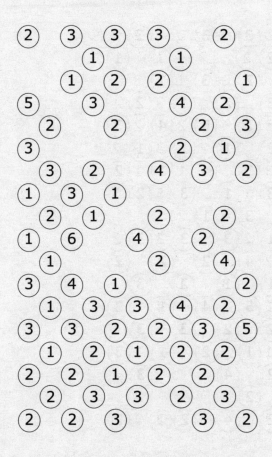

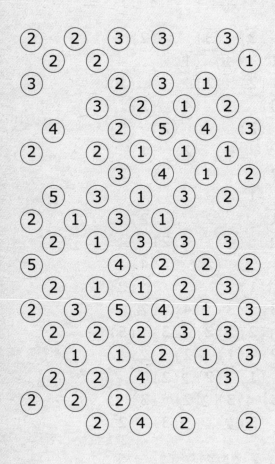

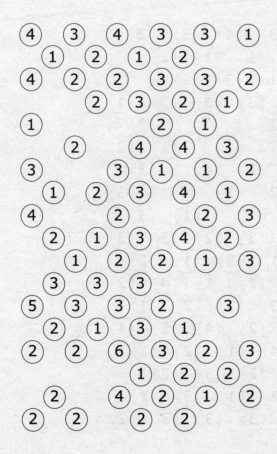

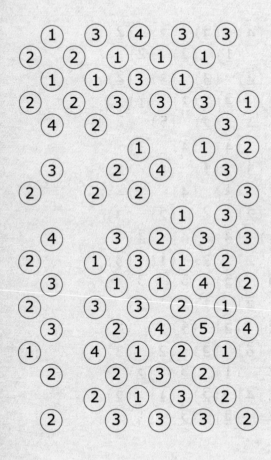

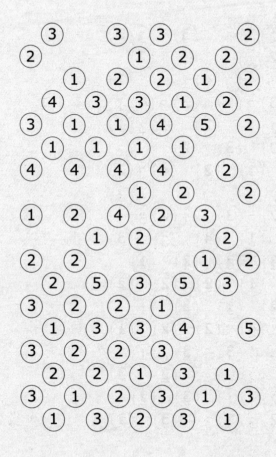

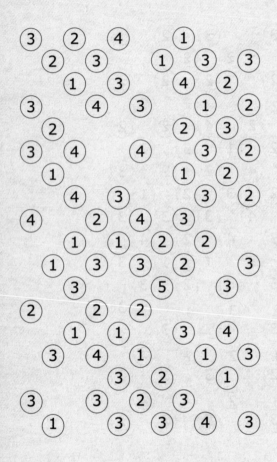

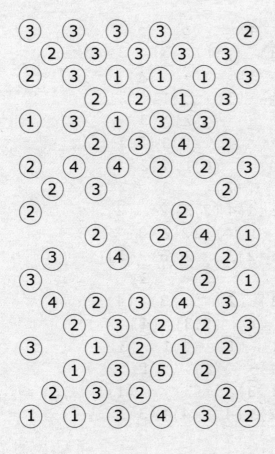

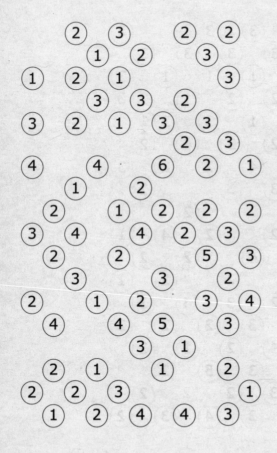

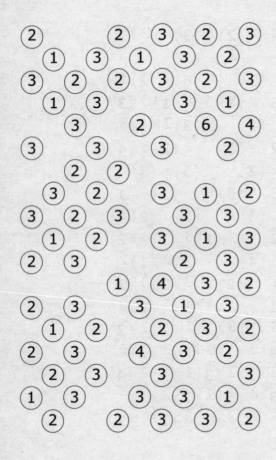

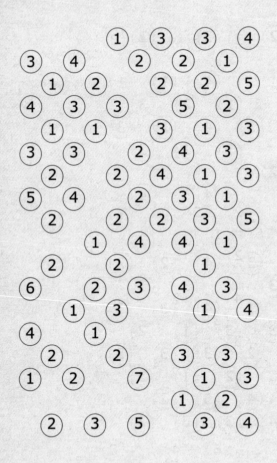

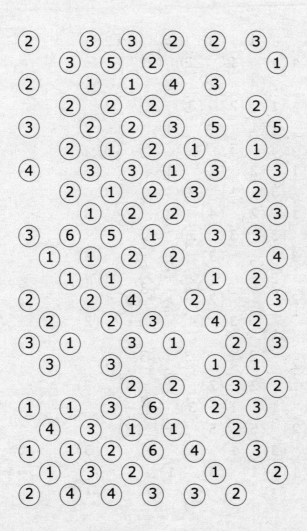

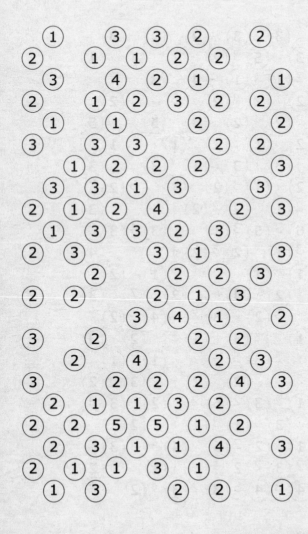

Japanese Logic Puzzles

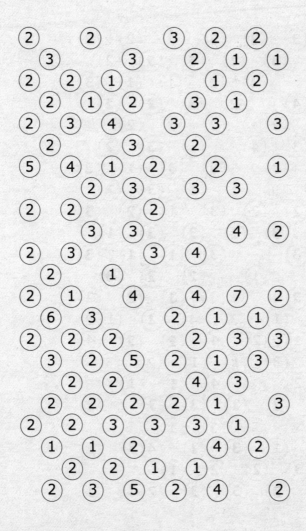

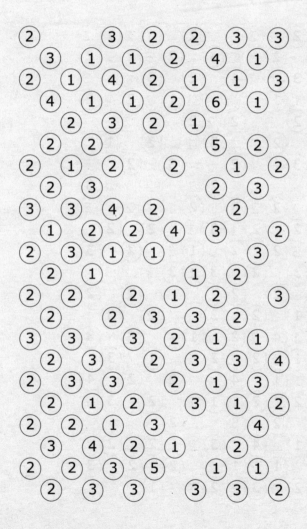

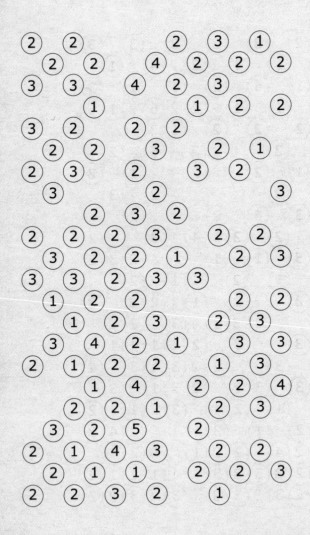

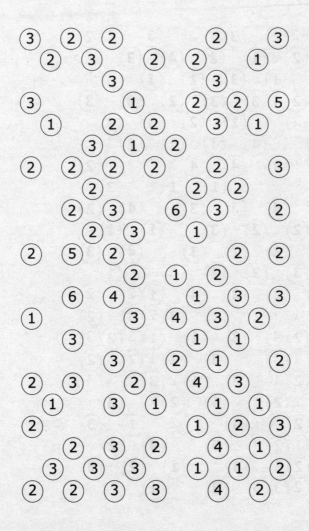

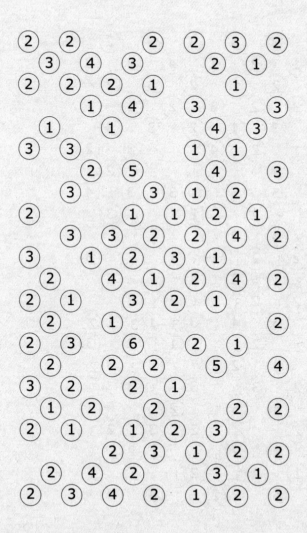

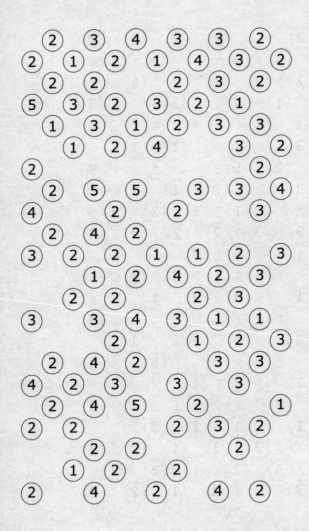

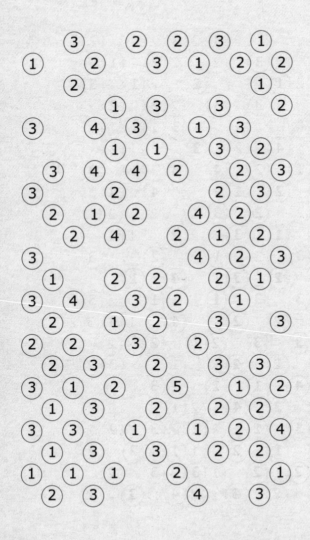

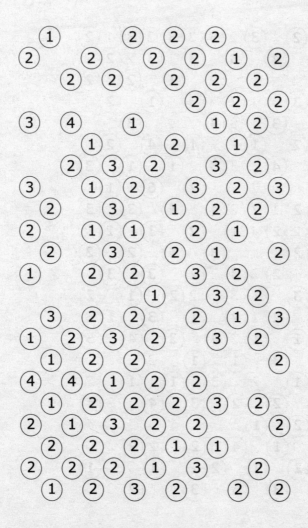

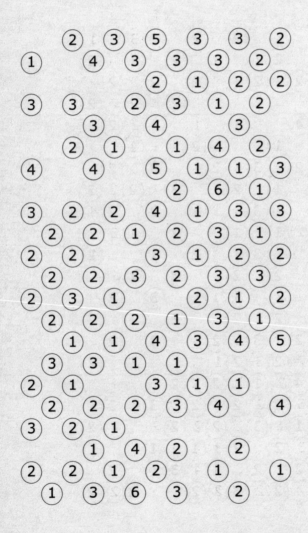

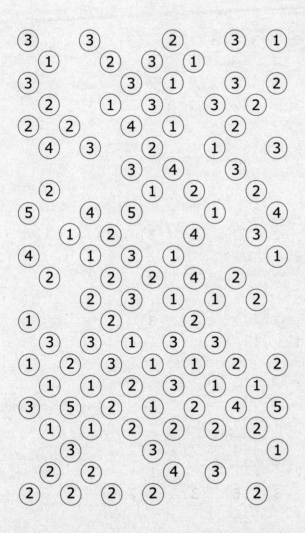

Hitori

Instructions for Solving Hitori

Hitori is Japanese for single. No number can appear more than once in each column or row. Shade in duplicate numbers but remember shaded-in squares cannot touch one another either horizontally or vertically. Also all the single numbers you don't black out must be connected.

1	3	7	2	5	4	4	4
1	4	7	3	5	6	2	8
1	5	7	8	4	6	3	5
7	2	2	2	6	3	1	5
3	8	1	4	3	2	5	5
8	6	4	5	3	7	1	1
4	6	6	1	3	5	7	2
2	6	3	7	1	8	8	8

7	3	7	1	8	6	8	2
3	2	5	2	1	2	7	6
7	8	6	2	6	5	3	4
1	1	3	2	4	8	7	5
1	1	1	3	6	7	2	4
8	4	2	7	3	3	7	1
5	5	8	6	3	3	1	7
4	6	4	4	2	1	7	3

3	8	3	3	6	1	8	5
8	2	1	3	6	7	6	1
5	3	1	4	8	2	7	7
1	1	1	8	6	5	8	4
3	2	2	2	1	8	4	6
1	6	8	2	3	4	5	7
6	6	4	2	5	7	8	6
6	7	5	6	6	3	1	2

1	1	1	6	8	7	5	3
4	8	2	2	6	3	7	2
6	2	8	5	8	1	3	7
8	6	3	1	5	3	4	1
3	6	7	2	1	7	8	5
2	5	7	8	3	5	6	4
3	4	1	8	2	5	2	2
5	7	8	3	4	5	1	6

6	5	6	2	1	3	1	4
3	6	5	8	8	8	7	1
4	4	4	1	2	8	2	5
2	2	8	6	6	7	5	3
5	2	4	6	6	1	3	7
6	2	2	7	5	7	8	3
1	3	4	8	4	6	4	2
4	1	1	5	7	5	6	3

1	1	5	4	4	6	7	8
1	1	2	3	5	8	4	8
5	8	2	2	2	7	2	3
7	3	1	3	2	8	5	4
6	4	3	5	7	2	7	1
8	3	6	3	1	4	2	5
6	7	4	8	4	1	4	2
4	5	8	3	6	5	1	5

3	2	8	4	1	6	7	5
2	1	1	1	3	7	4	5
4	1	8	5	2	3	6	6
5	6	8	7	2	7	3	4
5	7	2	6	2	8	1	4
8	3	3	3	6	7	2	1
4	5	6	2	7	1	8	8
6	3	4	3	5	2	8	8

8	1	1	1	7	3	2	5
6	7	4	8	6	1	3	2
4	8	2	7	3	2	5	8
1	5	7	6	1	8	7	3
7	4	3	5	2	5	6	7
2	2	5	4	3	7	8	6
2	2	8	7	4	3	1	5
3	6	4	2	8	4	8	1

5	2	1	7	5	6	4	3
7	1	8	6	4	1	5	6
3	1	2	5	7	2	7	4
1	1	2	4	6	4	3	5
3	6	2	8	7	5	7	1
4	8	5	4	2	8	6	8
8	5	3	1	3	4	2	7
2	3	4	2	1	1	8	2

1	2	2	10	12	12	4	9	7	7	8	7
1	11	5	7	12	12	10	9	3	4	8	6
1	3	3	12	5	6	10	8	2	9	4	11
4	4	10	5	7	6	8	3	2	3	11	9
5	6	6	3	7	10	2	12	2	8	9	9
5	7	8	1	6	11	11	11	10	2	9	4
9	5	4	8	8	7	1	2	12	6	3	10
11	12	9	8	8	5	11	7	6	1	6	10
11	8	11	2	1	1	3	6	4	7	7	5
3	10	7	4	2	2	6	5	8	12	1	1
12	10	12	6	3	3	9	5	9	11	2	2
6	10	3	11	4	4	7	5	1	10	12	2

1	7	2	12	5	3	4	8	8	8	11	12
3	3	3	11	6	8	9	5	6	4	1	7
8	4	5	1	10	12	2	12	11	7	3	9
11	1	8	2	7	6	3	9	4	5	8	11
12	5	3	9	2	10	6	4	1	9	5	10
5	6	9	7	11	4	5	2	9	3	12	1
2	4	6	5	12	1	10	1	3	7	9	5
6	9	12	8	7	5	12	11	4	1	6	3
7	7	1	10	3	2	11	10	12	2	4	9
4	8	10	6	4	9	3	7	5	12	10	2
9	10	11	1	8	3	7	4	5	10	2	6
2	2	2	4	11	7	8	3	5	6	1	8

7	6	2	10	10	8	8	4	5	3	1	1
2	4	5	10	10	3	8	8	4	6	1	1
3	3	3	2	6	5	4	1	10	10	7	8
5	4	6	3	7	1	2	2	10	10	8	9
4	4	8	5	5	6	7	2	2	1	5	3
4	7	1	1	2	10	10	6	11	11	5	4
8	2	1	1	3	10	10	7	11	11	6	4
10	10	11	9	8	2	1	12	3	5	4	6
10	10	4	9	8	7	3	12	1	2	2	2
3	9	3	11	1	7	6	5	12	8	4	2
1	7	7	7	5	9	6	3	12	2	4	10
3	1	3	6	4	4	5	5	7	12	9	12

4	4	6	2	2	2	10	1	9	9	7	2
9	7	8	8	6	4	5	5	11	2	1	3
1	2	8	3	3	3	7	11	2	6	5	4
10	10	10	4	6	5	2	7	8	11	3	1
3	6	11	5	10	9	9	7	4	8	1	2
7	3	7	6	9	10	4	8	1	11	2	5
5	11	10	9	1	1	1	8	4	7	6	2
2	8	3	5	1	1	11	9	6	7	10	4
10	11	5	2	4	8	3	9	3	1	6	7
2	1	9	11	4	7	8	10	5	3	9	10
11	9	9	9	7	6	6	2	5	5	5	8
8	5	2	1	11	6	6	3	10	5	4	9

1	8	3	9	5	4	7	10	9	12	11	6
1	11	3	2	5	12	7	4	9	8	11	1
5	9	8	8	8	7	2	3	5	2	1	12
1	3	4	6	11	9	12	4	10	7	11	2
8	2	5	11	9	6	2	12	1	10	4	7
11	5	3	1	10	8	10	7	9	6	2	10
2	10	1	4	12	5	8	8	11	3	3	6
12	12	12	10	5	2	7	1	4	3	3	8
3	1	10	12	7	6	9	11	1	4	8	6
10	9	2	6	4	1	11	5	12	5	7	3
4	2	9	4	1	6	10	8	3	10	7	5
9	2	11	4	11	6	3	8	7	10	5	12

12	12	12	6	10	3	3	5	2	7	1	11
10	5	6	9	9	8	12	2	2	1	7	1
3	6	4	9	9	5	11	7	2	12	8	10
8	10	10	5	12	6	2	6	1	6	3	7
6	10	10	12	7	2	7	11	4	5	8	3
4	3	7	11	11	11	10	8	9	9	5	2
4	2	2	10	3	12	1	1	5	9	9	9
7	7	11	4	3	9	5	12	12	2	10	8
7	7	3	2	4	4	9	12	12	8	10	5
5	4	5	3	2	10	8	9	7	6	6	6
11	1	1	1	5	7	8	3	3	10	2	6
5	11	5	7	2	1	8	10	3	3	12	6

2	2	6	11	9	8	1	3	5	5	4	7
2	2	9	3	1	10	4	5	5	7	11	8
11	6	3	3	7	1	5	5	2	4	8	8
9	3	3	10	6	5	5	11	7	2	8	1
3	3	2	8	8	6	1	10	11	10	5	9
3	9	4	8	8	11	10	6	7	1	7	2
1	8	8	9	11	7	7	7	4	6	2	6
5	8	8	7	1	4	10	2	10	11	6	9
10	10	11	5	5	1	2	2	8	3	9	4
8	7	5	5	10	2	2	4	1	9	9	3
7	5	5	4	2	2	3	1	9	9	10	1
4	5	5	6	2	3	11	9	9	8	1	10

4	2	5	3	6	3	7	11	8	11	9	12
10	10	10	6	2	7	1	8	1	9	1	4
5	2	6	2	7	2	8	10	9	10	1	3
11	6	3	7	3	8	1	9	2	4	1	5
6	3	7	1	8	10	9	1	4	12	5	1
3	7	3	8	3	9	12	4	2	5	12	6
7	12	8	1	9	11	4	3	5	2	6	2
3	8	3	9	12	4	11	5	10	6	11	7
8	1	9	1	4	1	5	3	6	2	7	2
2	1	2	4	12	5	11	6	10	7	3	8
9	1	4	12	5	11	6	11	7	10	10	10
2	4	2	5	2	6	3	7	11	8	11	9

2	5	5	6	1	1	12	8	7	8	7	3
4	4	5	9	1	1	3	11	8	12	6	2
4	3	2	7	5	11	1	10	2	6	3	9
3	3	6	7	6	8	9	6	4	5	10	10
1	12	11	7	3	9	4	5	10	2	2	6
7	9	6	5	6	2	4	12	1	1	2	8
7	7	10	8	12	3	11	4	1	1	5	11
5	6	4	8	11	10	2	7	3	7	9	1
6	6	7	8	11	4	1	8	2	10	3	5
1	8	9	3	2	5	5	5	6	4	4	4
12	11	8	10	10	5	1	9	2	4	3	7
1	2	9	10	10	6	7	3	5	12	8	1

7	5	4	6	3	2	12	10	9	1	8	9
9	10	10	3	2	12	1	6	4	5	8	7
11	10	10	1	5	8	3	6	7	4	12	2
4	4	8	11	11	5	12	2	3	3	3	1
7	3	5	11	11	9	10	6	8	4	1	2
8	1	5	4	6	12	12	7	1	2	9	3
1	2	5	9	10	12	12	3	6	7	4	8
6	8	3	5	7	1	2	11	11	12	9	10
3	12	1	6	9	12	4	11	11	7	2	8
3	8	1	2	7	6	12	9	12	10	10	11
3	9	11	7	1	12	5	8	2	10	10	8
2	7	7	8	7	3	9	5	5	6	11	4

2	12	7	11	2	9	4	3	10	8	5	1
12	7	8	7	10	1	5	1	3	1	11	4
3	1	2	9	6	8	4	11	2	10	5	7
1	10	3	10	5	10	10	10	8	11	2	4
3	11	2	5	6	7	4	9	11	12	8	10
6	2	11	12	8	4	1	7	9	7	10	5
3	6	7	1	11	10	2	12	11	5	8	9
9	2	10	12	3	4	7	6	11	6	1	6
8	4	1	6	1	12	8	10	11	2	3	11
7	10	9	3	1	3	11	4	12	4	6	5
5	5	1	4	1	6	2	8	11	9	3	12
11	3	12	10	7	5	9	5	6	1	4	8

5	5	2	11	1	7	10	12	3	6	9	8
4	6	12	7	12	3	5	8	5	1	2	5
10	12	3	11	5	1	4	4	8	2	9	6
2	7	6	5	8	9	3	3	10	4	11	4
8	11	6	11	7	4	2	2	1	3	9	10
7	4	6	9	8	11	1	1	12	12	5	3
12	2	4	10	10	10	9	6	6	11	1	3
7	10	7	4	8	5	1	1	9	9	6	3
1	12	10	3	4	8	2	2	7	5	9	11
7	9	7	1	8	2	3	3	4	7	10	12
2	8	5	3	6	12	4	4	11	10	9	7
6	1	1	2	3	7	5	10	5	8	4	5

11	2	3	5	10	2	7	2	4	1	9	8
2	11	6	7	6	3	4	10	6	1	6	9
4	2	12	5	7	5	11	1	1	1	3	6
10	12	7	4	11	8	6	1	6	3	6	2
7	9	9	3	4	1	1	1	2	12	10	5
3	9	9	12	6	1	6	11	6	2	7	7
3	3	2	1	1	1	12	7	11	4	8	4
6	4	6	1	12	11	2	9	12	7	12	10
8	1	1	1	2	7	3	12	10	4	5	4
10	1	6	2	6	12	5	4	7	9	7	11
12	1	11	5	9	5	3	3	8	4	2	5
10	8	10	9	10	4	2	3	7	11	1	12

4	5	12	1	10	8	8	6	9	1	7	3
4	5	11	3	9	8	8	1	6	12	4	2
9	1	10	10	10	4	3	2	7	5	6	5
6	6	4	3	2	3	1	8	7	7	7	9
7	7	9	11	5	10	12	2	4	5	1	5
10	8	1	3	12	3	2	5	8	11	4	7
11	11	1	9	7	2	7	4	5	6	3	6
1	9	6	4	4	9	5	10	11	3	9	8
3	3	5	2	8	7	6	11	8	4	12	6
2	4	5	6	11	11	9	10	3	1	8	4
11	7	2	5	11	11	4	3	6	10	2	1
5	12	7	12	3	9	1	12	2	2	10	3

7	4	6	4	11	1	8	3	5	2	9	12
6	10	3	1	8	2	12	5	9	11	6	7
5	6	11	5	4	9	3	8	10	2	12	1
4	3	10	5	10	7	6	2	4	1	10	8
10	9	8	5	7	4	11	3	12	9	2	1
1	2	3	12	6	8	7	9	1	4	7	5
12	4	2	10	3	10	9	10	6	10	11	1
2	1	3	8	5	11	12	4	9	6	5	10
11	7	4	7	12	9	1	7	2	7	8	6
3	7	3	2	8	5	6	1	3	12	3	4
8	7	5	11	9	4	10	11	7	2	1	12
2	5	1	9	6	3	4	12	8	8	8	11

8	8	5	8	2	6	6	3	14	9	1	6	4	14	14	7	11
13	1	1	3	8	6	6	5	4	10	10	2	11	14	14	15	12
12	1	1	5	1	14	8	10	2	10	10	7	9	13	11	3	4
12	6	16	7	17	7	7	13	4	8	14	1	9	2	15	15	2
1	9	7	6	13	7	7	16	5	11	11	8	15	10	15	15	3
2	2	14	7	12	6	5	11	15	11	11	4	3	11	1	8	9
2	2	13	2	10	11	1	14	8	5	9	3	16	3	3	6	7
4	10	14	9	14	8	7	12	3	13	5	15	5	17	6	1	1
6	8	10	11	14	2	9	8	8	17	5	17	13	1	15	12	16
7	3	3	12	14	2	10	8	8	4	8	11	6	5	9	13	15
9	3	3	13	7	2	11	1	6	12	16	12	12	5	12	4	10
10	11	12	14	6	1	2	15	12	3	7	12	12	8	4	16	16
11	12	9	4	4	10	3	8	7	6	2	5	14	16	13	16	16
14	4	8	4	4	9	13	2	10	1	13	13	1	7	5	11	6
15	14	9	16	5	13	12	9	9	2	13	13	7	4	8	17	17
5	5	2	1	9	3	4	9	9	7	17	10	8	6	16	17	17
5	5	6	17	3	5	16	7	1	11	12	9	2	4	2	2	8

2	7	2	14	13	8	6	3	1	15	9	17	9	5	9	12	4
14	1	11	9	12	2	7	3	5	13	6	8	15	10	4	10	16
11	16	11	10	11	2	11	6	7	1	7	15	7	3	8	17	9
6	17	16	9	15	7	2	1	4	4	3	8	5	8	10	8	11
10	6	10	16	10	7	10	13	3	3	5	2	4	14	8	15	9
13	1	9	8	17	7	12	5	2	2	15	6	6	6	14	16	1
15	2	7	17	8	11	13	10	1	5	4	6	4	12	3	14	9
12	5	17	7	2	13	13	13	9	14	1	6	8	6	6	6	3
4	4	4	15	1	1	14	11	10	10	8	16	4	6	7	2	5
9	10	5	1	1	15	1	17	11	11	2	4	13	6	12	4	6
8	8	8	5	1	16	17	2	12	12	13	14	10	9	3	11	7
7	5	1	13	16	9	9	9	8	6	14	3	3	4	11	4	2
11	3	4	8	14	10	9	12	15	16	17	1	2	13	5	6	7
11	12	12	6	3	3	4	14	15	16	17	5	2	1	1	1	8
5	13	13	3	4	4	8	9	6	9	12	7	2	11	1	1	10
1	14	14	2	5	5	3	4	6	7	10	10	17	16	13	1	12
3	15	15	4	6	6	5	8	17	8	11	11	1	2	2	9	7

1	1	1	2	3	4	10	10	5	13	16	16	14	17	8	17	7
1	2	7	16	10	17	10	10	14	8	7	13	9	15	11	12	9
10	2	3	3	6	5	8	10	7	5	1	16	9	15	4	17	13
12	13	4	6	6	9	10	1	17	2	7	11	9	8	3	4	5
15	3	10	7	9	9	11	17	6	8	8	8	1	2	3	4	5
6	6	6	17	16	15	14	13	5	5	5	9	8	1	12	11	3
2	3	5	7	1	4	6	17	8	4	9	12	12	13	13	14	14
4	4	4	9	11	13	2	8	17	7	2	6	3	5	1	15	15
11	10	9	10	8	10	12	14	13	1	15	1	17	1	2	3	16
5	10	11	1	5	12	12	3	12	6	12	4	10	14	11	13	16
16	14	13	8	12	8	17	16	3	9	6	4	4	3	5	2	1
16	15	2	12	5	1	2	4	3	17	10	10	10	3	8	8	8
17	17	15	13	13	12	9	11	2	1	12	5	16	6	7	2	4
4	16	16	14	14	2	1	5	1	3	11	1	6	1	9	7	12
8	12	17	15	15	14	3	10	11	1	4	7	7	9	6	5	10
8	9	2	5	17	16	16	12	3	10	3	14	7	4	6	4	11
3	5	8	11	17	16	13	9	4	1	10	7	2	7	6	15	6

3	10	4	7	3	14	9	6	11	2	11	17	5	8	16	12	1
14	8	1	8	5	7	3	9	13	8	12	10	10	10	6	2	4
8	13	4	15	17	10	17	2	17	3	11	12	5	6	1	9	1
7	2	6	4	11	16	1	16	9	13	8	16	17	16	14	3	5
6	15	8	2	6	1	17	7	6	5	11	4	6	9	16	14	3
12	5	2	5	8	5	4	5	14	7	9	7	3	11	10	7	6
8	1	3	9	4	6	2	12	5	10	11	13	7	17	15	16	3
10	5	14	5	9	7	8	6	4	11	2	16	15	16	12	2	13
1	14	8	10	2	9	17	11	6	12	3	5	7	4	16	13	15
11	9	8	8	10	7	13	17	15	14	1	16	4	2	5	2	12
1	4	8	16	12	11	17	13	1	15	3	2	1	14	7	5	3
4	7	5	6	13	7	11	8	3	6	14	6	12	1	9	1	10
1	6	4	13	1	8	17	14	2	16	3	9	5	12	2	11	2
2	16	10	16	14	7	5	1	8	17	4	16	11	16	3	6	9
13	12	4	14	1	3	2	10	6	9	17	11	5	7	16	8	17
5	3	9	3	15	4	6	4	10	4	13	3	2	3	8	4	7
9	11	4	12	7	13	2	3	6	1	16	14	5	15	17	10	8

10	14	17	3	7	12	8	9	8	2	8	15	8	11	17	16	13
11	17	8	10	5	3	4	10	16	10	2	9	7	1	6	13	15
1	1	1	14	7	15	12	8	11	9	13	6	13	10	13	2	4
12	17	3	2	2	2	11	1	9	4	4	4	6	13	5	1	7
2	11	4	9	6	10	3	3	3	17	13	12	13	8	1	7	13
14	3	2	4	4	4	15	5	7	11	17	13	1	6	12	10	16
5	5	5	15	9	7	6	17	3	8	3	10	13	14	13	11	13
4	1	14	1	8	1	9	1	5	3	12	11	2	13	16	10	6
15	6	11	7	10	14	3	2	3	4	3	5	10	12	13	8	9
9	11	16	11	14	2	1	3	4	5	10	8	12	13	7	6	3
9	10	7	12	15	8	3	4	3	6	7	2	5	15	3	3	3
8	11	15	6	16	3	7	12	2	13	1	9	4	13	3	10	5
13	7	6	8	3	9	2	14	6	12	5	1	3	3	3	15	4
10	8	12	3	15	11	5	11	14	13	6	13	3	13	9	1	2
7	9	3	5	12	6	10	13	10	1	3	3	3	2	10	4	8
6	3	10	4	17	11	16	11	15	13	3	13	9	5	2	5	1
3	2	9	17	1	5	17	6	17	3	3	7	11	4	4	12	8

6	6	9	12	13	8	5	16	5	17	10	7	14	15	1	11	1
16	6	12	12	10	9	15	3	3	3	13	7	11	4	17	8	5
8	17	15	5	2	2	2	14	10	11	16	9	16	4	16	3	12
11	1	1	1	12	9	17	5	14	10	7	10	2	4	6	8	16
8	2	4	16	4	3	11	7	11	12	11	17	17	6	5	10	9
9	14	17	14	11	14	10	1	2	16	6	12	15	12	5	12	13
10	9	10	6	8	7	13	13	13	1	14	16	12	11	5	17	4
13	12	16	7	7	10	9	1	17	2	14	2	5	8	11	6	3
5	12	5	4	17	1	16	2	7	13	14	11	10	9	15	6	9
2	12	7	11	9	4	16	4	8	3	5	3	1	17	10	6	14
3	10	11	13	9	6	16	12	15	15	15	1	7	14	2	5	17
14	8	11	8	5	16	4	6	12	3	2	3	7	17	9	1	10
1	15	11	17	1	13	1	10	1	5	12	6	9	3	2	16	2
4	5	14	10	16	17	12	17	6	6	9	15	3	7	7	7	11
17	3	6	10	6	12	3	11	16	14	8	8	8	5	2	9	2
17	11	2	10	14	5	8	9	9	9	1	15	6	16	12	13	7
12	16	6	9	6	11	6	15	4	7	17	5	4	10	13	13	8

Mosaic

Instructions for Solving Mosaic

Mosaic is based on looking at a square and those around it, rather than rows or columns of cells. Using simple logic alone, it is possible, from the numbers given, to fill in the grid and create a pixelated picture. The double challenge is work out what the picture is. The grid contains numbers from 0 to 9. Most cells have eight neighbours, making a block of nine cells. Cells along an edge have five neighbours and those in the corner only three. The number in a cell tells you how many of it and its neighbours are to be filled in. Each new clue will eventually lead to the completion of the picture and the solution.

		0					1					0	0						
1				0					3	4		1	1	2		1		2	
1		3			1	3			4				1			1	3		
0		4			0		2	5	3		3	3				1			
	1		3	3		2			4	3					0	2			1
									4		4		1						
2		0	2	3	5	3	5	3	5	4	4	4				3	5		
			3									4							3
	2	3	3					5		5		2	4						
				3		3		5		5				2	3	3			
	0	3	3	5	3				7			4		4	3	2	0		
	0	3				4		5					4	3					
	2		3		5	6				4		3			3	0			
					5		4		4			3							
4		7	7	6			4	4		4	3		3						
	8	8		7	7	6				5	5	6				0			
5	5	6		8	9	7			5		7	8		5					
	4		5	6			7	9	7			8		6	5				
0						5	8	5			5				4				
		4			1	2			2				3						

Mosaic Easy

	0			6					2		4						4		
							0					9			9	9			3
			6	9							4		6			6	4		
0							0		4		6					3			4
									3			3	3			3			3
			6	9															
0							0					0				0			
										0		3						1	
			6	9	6							3				3			
0	1	3	6	7	6	3			0		3					4			
	4			6			4				3	2				0			3
		5		5		4						0					1		
3				6				3	5	4								5	
4		5	7		7	5	7	4	6		5	3	3			3			4
			5								5				3				
4			6	3	6	4		4	6	3		0			0	2	2		
3		3		3		6	3								1				3
			6			3					3	2	0	0		2	4		
					6		6			3	2							3	
2		2	4	2		2		2				3			3				

Mosaic Easy

3

			3					3				3		4			4		2
	3				2	0				3									
		4	4		2		0		3		0			4		1			
												1			4	2	4	3	
0		2			0		0				0			4					
	0							5			5		4			5			
				0		3					4				2			3	
0						4		3				6	6		1				
	0			0															
							4			5				3		3			0
	0			2	3					7					4		2	0	
		3			3	3	0		1					3					
2		3			4						7					3	3	2	2
		4		6			3	5			9	7				3			
0						4							6	4					0
	3	5					3	6	6	9		9	7			3		0	
		5			1		5			8	9			5					
4			1		5		6	7				9			3				
3					5			5						4				0	
		0		3							3			1			0		

1	2	3	4	5	6	7	8	9	10	11	12	13	14	15	16	17	18	19	20
								3				0		2		4	6		
	0			9	9		7				3								
				8	9	9		5			3					4	6		
			3		7		8	8				0		4					
	0						8	8	7				2	3			3		
	1		5			3						5	2				3		
1		5				3		7			6		5				0		
	5			2	3	5	5	6	7	8			6			0			
4			2		5		3		5	8	8				0				
3		2		5						6	7	7							0
			5					0						4	3				
			3	3		0			0					5			0		
	5				0			0				0			0		0		
		5			3			3						5		3	3		
3			4			3			3						3				2
		4	5		3						3		3						
0		3		3							3		3						
					4		4			3						3			2
0				5				5			3			3	3		3		
		0				0				0	0				0			0	

Mosaic Easy

	3		2					0			0			0					
2					3		3										0		
1		3	4	4		4			4	3		1					0		
0	2		3		2		3			4			0	0					
	2	2			1	2	3	5	5	5			3			5			
2		3		2				4						3		6	5		
						0	1		3		2		3						
	3		3		0			0	2	3			3		3				0
0		0		3					2	3	5			3	3				
	0					3	4									0			
			3		4	4	4	3	3	3				0			0		
	1		4			3			3					0			3		
	3		3		4			0	1						3				
0	3	3			5		3	0			3			3				4	
	3	3			4		3			3		5				5	5		
		3				3	3				4	5		4	4				3
3				5					4					6	5				
	3						4	3			3	3		2					
		0						2			3		3			0		0	
	2	2		0		2		0		0			0						

			2	0					0										
3		3					0						0		6			6	6
			2	0		0			0				0						
		3				3			3			1	1						
	3	4			3		3			3	3	3		1		6	6		3
							6				5		4		4	6	7		3
			4	3				4	3				5		4		7		
0	3	3	6	4		3				4			3				7		
			3				5		6	4								7	5
0	3		4		3	3			3		3	4							6
		3		4					5			5	3		0				6
	1				5					5				4	3				
		1	4				5				5	5	4				1		
			4					2						2		0			2
	0	2	3							4		3		0	0				
	3	4	5	3			0			3		4	3		1			0	
3																	1		
	6		5	5	3							6	6						
	5							6		7		6				0		0	
			6			6		6		6					0				

	0			3	3		3		3			1	0				
															3		0
0		5	7			3		3			7	5			5		
		5	7			4		4			7	5	5	3	3	6	4
		5		3		1		1				3			5	6	4
	0			3		3		3	4	3				3		4	5
			2	3			3	3	4	3	2		2	3	3		
0		0		2			6		4	0	3	3	4	1	4		3
		3	3		4		3		4		3	3	4		3	4	3
			3		3	3		3	3			3			6		
		5	6			3		3	5		6		5				0
4			3			1				3		3			6		
		5	7			2	3			5			6	4	3	0	
5			3	3	1			3				7			3		
		3			4			3			0	1			3	3	1
2			1					5						2	3	3	3
						7	6			2				1	3		3
2		2	2	0			1			3	4				4	5	4
					3			0						3			4
	3	3	2	1	0		2		2	2		2			4		

Mosaic Easy

			4														4		
	5				3		0		3			3	1		3		4		4
		3		3		3				8	8			4		3			3
4	4			5				3				4	3			5			
		3			5	3		5		5		5		4	5	5		3	
	3			5		3		5		5			5	4		5			
		4				3			8	7		7		5	3				3
	1	3		3	3		7					7	8					3	
						8	8						8	8	7	5	4		
0		3		3		8			9				9	9		5			3
									8		7					2			
					8	8	8							8					
0	3	3			5		8	7				9	8	8		5	3		4
	2	3	3				7		8	9		8		5					
		3		2			9				8					5			
0		2	3				5		5			5				5	3		
	0	2		3							5			3	4			0	
	0	1		3			4		3			3	4	4		3			
														5					
	0			4	4	4			0		0					4	4	3	

						3		2			0			3			
3		3	2		3			3		1			3			3	
3		3	2	3		3	0	1					3			0	3
			3				0			5	5		0	0	3		3
1		1	0				0				5		1	0			
0			0		4		3		5		5			4		3	
	0	1				6		6	6		5		6		6	6	
		3		3	4	7			6		6		8				2
	3	3			4	5	6	5							5	4	
			0							4	4			5			0
3			0	0			5									0	
		3			4	5		5		3				6	5	4	3
1		3		3		5		8		6		6	7			6	2
0			2				5		6	6	6			6			
	0		0		3		3						3				
	2	1	1	1		3		0	1		5	5		0	1		3
2		2	1					0			5	5	3		0	3	
	5		2			3	0	1					3		0	3	
2		2		2				3								3	
						3		2			0			3	3		

Mosaic Easy

			4			4	5						6						
	5		7	6					6		4			9		5			
		7			6	6	6		7		6	6		6		8			
		6	6	8	9	9				8	7	6						3	
	3			8	9		9	8		8									
	6			8	9	9		7			6	6		7	7	7			
	5	6		7	8	8					5					6		3	
3				6			5	2			2		6		6	6			
3			4		4				2	2		5	6	8		6			4
	3				5	4		2			2		6	9	9				4
	3	3	0		3	4	4		3	3			6		8	9			6
3	4			0			3			3		4	5		6	7			6
		3			0			3	2	3							6		4
3			3		3			5	4			5				4			4
	3	3		3			6	6			4		6				3		
1		3	4			7	9				6		9	8			3		
0			3	3				6							7				
	0	1			5			9	8										
0			0									9	9	6			3		
						4	6	6	5						2	2			

Mosaic Medium

	0					0						5			3		
	0			2				0				6		8			
								2	3						8		5
			6	8	9		6		2	4			2				4
	0		8		7	7		5		5	6			2	4		
		7					7			5		5	2		3		
0			7				6				5				3		
					8	8		4			5		5	5			
0	3		6	7		8	6			3	3		4		4		3
	2						7		5	4		3		3			
			3		6		4	4		2							
0		2		2		5			3			3		1		4	
	0				4			2	3				4		0		3
	2			0			3			5					1		3
	4	3	2	0		0	1		4	4	4	4					
			3					5		4	3		2		3		
	4	4	3		3		0			3		4					0
	3		5					0	1		4	3	4	4			0
		5		4				0									
	2		4			0				4			3	4	4	2	

Mosaic Medium 12

							0		0			3	3						
	5			6			2							4			4		
		9			6	4			4	5		4	2	4					4
6		9					5			6			5		7	6			
			5		2				8			4		6		8			3
6					5	4		5		8	8			8	9				
	8	8		2	1	4			6	8	8		9						
	6			3		4	3		4		7	8							0
			4		4		3				7		3		3				
1			4			6		4		4		5		3			2		
	3			3		5									6	4			
	3	3	0	0				4					5		7	6			
					1					2						5			
			2				3				7	6		7					
3		0			4	4			3	4						4			
				4	5		3	2		4			2	3					
		0			0		0	1	3		2	1	2						
3		0		0		3			1	2	3					3			
						0						3	2	3	4				
	4	3		3	4		0				3			2					

2		5			6								0			0			
						8	9	9		7					0				5
2		3				6			6			3		3	4	5		4	
	2		1													5			
1		2			6		6		3			1		2	4	4			
0					9			5					2			2		2	
		8	9				3			5				2	3	4	4		
		9	9	8			1		7		4					4		2	
	6	9		8	7				6	7				2					
	6				3				4		6	3	2			5			
						3			3				2					2	
	5		1		1		3	3			9				4	5	5		
3			2	2		2	2	3	4							5		2	
		1		1	1		2				9				4		2		
		2						0					5		4	5			
2					1		0			9	9	6		4		1			
	2	1	1		1				3	5		8				0			
0			2			1	1							6					
0		0		1								3			3	0			
				1	2	2			0	2	2		2		2				

				3					0						0				
	5	6				3		0			0						0		
		8		3		5			0										
6						5	4							5	3				
		4		5						0		6					0		
	2					1			3						8				
			6				0		3			1							
	1							2	3				3		6	5			2
			8		6							4	3					5	
		8	8					3		7				2					
	8		7		3				7	7		2				5		2	0
6		8		5				7	8		3				4				
	9		6			3			7	6			2				3	3	
		8						9			3			0		1			3
	9	8	7		4			8		6			0		0	1	1		3
	8	9	8	7		5			8	6							3	5	4
			9	8		6			7	7		4			3				4
				9					6	6	6		6				6		
0		2				5		3			5	7	7	8					
				3	2								6			4			0

	0							4						0					
			0			5			5		3						3		3
0				1				7	7			3		0	3	3			
			0		2			6		2							4		2
					1		4	4	3							5			3
	0		0					4		3		4		5					3
	0		2			3	3	3			3	3			4		2		
			3	3				3		2			2	3		2			
						1		0		1			0	1			5	4	
	3							3			3		3		4	5			
		3	2			5		3		3			3		6		3		
	3		3	6				3				2		6			5		0
			4			5											5	3	
4			4	3				6	6		6				5				
4							4		9				9	7	5	2	2	3	3
		3			3		5							5		2			
			3					9		9	8						4	3	
	4	4				3	4				9				4			4	1
		3				4							4	5		3		3	
2				2		0			2										2

Mosaic Medium

			3	4			0			0			4			6			
	0								0							8			2
0		4	5	5						3		2				9			
		5	5	4		0		0	1	3	4								3
			4		0					5		3		1		6			
3		6	6		2	2			5			6	3						
3		6	6	3								5			3		1		
		6	6	3					2	2			3						0
1		5		5		4		7		1		5							
		6	4		3		7							7		8	7		
				1		5	5	5		7		7							3
0			2										6			3	2		3
	3				3			4	4	3									
		3	3			5	6		4	2		2		3					
4						6	8										1		3
4		6	6	6				7				3			1				
		8	8	8		8	7		4		3			3					
	5	7		6		8	8	6			1	2							4
							4	5				0			5				3
	3		4		5				3		1			0					

Mosaic Medium

0		0			2		5		5		5		5			5	
			0			6											
0				3		3			4	4	5		5	4	5		5
		3		5			1		4		5		5		5		
	3			7			0	1		3		3	3	3		3	4
0	3				8			0	1	1	2			4	4	2	
	2			8		5					2				2		2
2							6						5		3		
			3			6	6		8	8	6		3	4	3	3	
4		3				5					6	5	3			3	
		3	2	0		4	4		2		6			3			2
		3			3		5	3				2			3		
	3	4			5		2		2			3	3	2			
			3				3		5	3	3	2				2	
2	4		5			3		4	3		3		3	2		5	
	6	7		7			4	3	3			0		6		5	
6		8	8		6					0				6			6
4		6		7		5	3						7	9			
	6			6												5	
	4		4		4		6			6		6			3		

				2			0				3	4			1	1			
	3			4					1				4	2	2			3	
	4	5			4					4	5	4		3	2	2	3		
			2		3			0			2	3				2	3		
3			1			3	0		3	4		2		3		2	3		2
		3	2	3				0			2						3	2	
	3			2		3			2		5		2		4				
		4	3				4			3	5					5			
0			4	3	0	1	3		5					5		6		6	
1		4	3					5			2	3		4					5
	3			2					5				3	3				5
	4		3	3		4				5				0					
	3				4			0				4			1	2			
3		3		3			3	0			1		5						4
	5	7			4				0				4	2	0			4
	4		3		2	3				0					1	0		
				4		6							3		1		
4		5		6			3			2			2				5	
		7									6				3		3
3		3		5	5			3			4	5		3				

				3			3				0		0						
0			0					4				2					0		
		2		1			4		4	4		3	2	0					0
	3				5			6		4		4	2						
		4	3	4		3		3		4									
	2	4		5		3		2		5		4			0		0		
0			3		5			0		3			1		3				
	0				3					4									
			1		5					1		2			6		6		
	3	3			2			5		6			3		7				
				7	9			9	8			0							6
3		1		3			7	8		7	6								
					6	6	7			6	5		3	5			9		
					5	4			3					5	5	7	9		
5		6	5		6						4				6	7	9		
	9			3			0		3		4				9				
	7		7																
		6		6			3		4			0	1			6			
5						7		7											5
		4	3					6	6		4			3	4				

	0				3		3			3	3	3			0	0				1
			3									3							3	
0	2	3		3		3			3		3	3							3		3
	2	3										3			2	1	2		
0			4			6			6		5		4			0	1		
		3			4			3	4			3		3	2			0	
	3			4		4	4			4		4			3	1			
			7		4	2		3				5	7	5			0		
1			9	7			2			2		7	9	7				0	
			9					6					9	5					
	7	8						3				6		9	7		2		0
		7		5		3			4		5		7						
	3		4		2			3		3	2		4			3			
0		4			3		3		3					4			1	0	
	3	4	6				3	2	2		4								
			4		0				0	3					6	5			
0		3			3			3				5	5	7	8		5		
			3		4		4		4	5				8	9	8			
0		0				8													
				3	4			5	4			0		2			1		

Slitherlink

Instructions for Solving Slitherlink

Connect adjacent dots with vertical or horizontal lines so
that a single continuous loop is formed with no crossings
or branches. Each number indicates how many lines
surround it, while empty cells may be surrounded by any
number of lines.

Slitherlink Easy **1**

	1			1		1	1		
	2			0				3	0
2			3						
0			2		0	3	2		
			2					3	1
1	3					3			
		3	1	3		3			3
						1			2
0	3				3			1	
		1	1		1			1	

```
.  .  .  .  .  .  .  .  .  .
   3     2  3     3
.  .  .  .  .  .  .  .  .  .
      1     0        1     2
.  .  .  .  .  .  .  .  .  .
      3              2
.  .  .  .  .  .  .  .  .  .
   0  3     3     0
.  .  .  .  .  .  .  .  .  .
   1     3     0        1
.  .  .  .  .  .  .  .  .  .
      3        1     1     3
.  .  .  .  .  .  .  .  .  .
      2     1        2     3
.  .  .  .  .  .  .  .  .  .
      2              3
.  .  .  .  .  .  .  .  .  .
   2     2     2     0
.  .  .  .  .  .  .  .  .  .
   0        1  3     3
.  .  .  .  .  .  .  .  .  .
```

	2	2	1					2	
3					1	2			2
		3	3				3		0
	3			2			2		2
	1					3			
			1					2	
2		0			0			1	
1		1				2	0		
3			3	1					1
	3					0	1	2	

```
 3 3     3     3 2
   3 2     0   2
          3
0 2  1
   3     3     3 0
 3 0     3   2
             2   1 2
      0
 2   3     2 3
 2 3     3     0 2
```

```
.  .  .  .  .  .  .  .  .  .  .
  2     1     1     3        1
.  .  .  .  .  .  .  .  .  .  .
     2     1     3  3        1
.  .  .  .  .  .  .  .  .  .  .
        3     2              0
.  .  .  .  .  .  .  .  .  .  .
  1        2        1  3
.  .  .  .  .  .  .  .  .  .  .
  1                 3  2
.  .  .  .  .  .  .  .  .  .  .
        2  1                 2
.  .  .  .  .  .  .  .  .  .  .
        3  3        1        2
.  .  .  .  .  .  .  .  .  .  .
  3              0     3
.  .  .  .  .  .  .  .  .  .  .
  1           3     3     1
.  .  .  .  .  .  .  .  .  .  .
  3        1     2     1  1
.  .  .  .  .  .  .  .  .  .  .
```

```
. . . . . . . . . . . .
                1 1 1
. . . . . . . . . . . .
  1 3 3 3 2   1   1
. . . . . . . . . . . .
  0       2   1 1
. . . . . . . . . . . .
  2       2   1 1 1
. . . . . . . . . . . .
  2 1 0 2 2
. . . . . . . . . . . .
              2 1 3 2 1
. . . . . . . . . . . .
    2 2 2   0       2
. . . . . . . . . . . .
    2   2 3           3
. . . . . . . . . . . .
    2   2   2 0 3 1 3
. . . . . . . . . . . .
    2 2 2
. . . . . . . . . . . .
```

3	3		1	3		3		2	
		0				2			1
		2				3			
		0					3	1	3
1	1		2	2					
					3	0		3	1
1	0	2					1		
			2				2		
1			3				1		
	3		1		2	0		2	2

```
.   .   .   .   .   .   .   .   .   .   .
   3       0       0       3
.   .   .   .   .   .   .   .   .   .   .
     0       3           2
.   .   .   .   .   .   .   .   .   .   .
                 3           0
.   .   .   .   .   .   .   .   .   .   .
 3     3   3                   2
.   .   .   .   .   .   .   .   .   .   .
     3         0   2
.   .   .   .   .   .   .   .   .   .   .
         3     3           2
.   .   .   .   .   .   .   .   .   .   .
 0                 3   3   2
.   .   .   .   .   .   .   .   .   .   .
 2         3
.   .   .   .   .   .   .   .   .   .   .
     2             3       3
.   .   .   .   .   .   .   .   .   .   .
     1     0   3       0
.   .   .   .   .   .   .   .   .   .   .
```

```
2  2        1        2
      3        0  3        0
      3                    3
  1  0        2  1        3
         0           0        2
  0        3           1
      2        1  0        3  1
      3                 1
  1        3  3        2
         2        2        3  3
```

Puzzle grid:

```
    1           3 3 1
  2   0 2 0             0
  0         3       3
  1     2 3   3     3
      1           2   1
    3   1       0
    1   3   1 3       0
    3       0           1
  3           2 0 3   1
    0 1 0           2
```

```
·  ·  ·  ·  ·  ·  ·  ·  ·  ·  ·
        0  2  ·  ·     2  3
·  ·  ·  ·  ·  ·  ·  ·  ·  ·  ·
 2              2
·  ·  ·  ·  ·  ·  ·  ·  ·  ·  ·
 0     1           1  1
·  ·  ·  ·  ·  ·  ·  ·  ·  ·  ·
    3     3                 1
·  ·  ·  ·  ·  ·  ·  ·  ·  ·  ·
  2              1        2
·  ·  ·  ·  ·  ·  ·  ·  ·  ·  ·
 1        3                2
·  ·  ·  ·  ·  ·  ·  ·  ·  ·  ·
 1              3     3
·  ·  ·  ·  ·  ·  ·  ·  ·  ·  ·
    3  3              0     1
·  ·  ·  ·  ·  ·  ·  ·  ·  ·  ·
          3                 3
·  ·  ·  ·  ·  ·  ·  ·  ·  ·  ·
  1  0        2  1
·  ·  ·  ·  ·  ·  ·  ·  ·  ·  ·
```

```
 .  .  .  .  .  .  .  .  .  .
    2 0             2 0 1
 .  .  .  .  .  .  .  .  .  .
  1        0 2 0
 .  .  .  .  .  .  .  .  .  .
       1 1                1
 .  .  .  .  .  .  .  .  .  .
     3           1 0
 .  .  .  .  .  .  .  .  .  .
    0        0 2       3
 .  .  .  .  .  .  .  .  .  .
    3        1 2       0
 .  .  .  .  .  .  .  .  .  .
     2 1              2
 .  .  .  .  .  .  .  .  .  .
  3                 3 3
 .  .  .  .  .  .  .  .  .  .
       2 1 3            2
 .  .  .  .  .  .  .  .  .  .
  3 3 3           2 2
 .  .  .  .  .  .  .  .  .  .
```

```
.  .  .  .  .  .  .  .  .  .  .
   3        2  0        3
.  .  .  .  .  .  .  .  .  .  .
 0     3     2  3     2     0
.  .  .  .  .  .  .  .  .  .  .
   1                    1
.  .  .  .  .  .  .  .  .  .  .
         3  2  0  1
.  .  .  .  .  .  .  .  .  .  .
 3  3     1        3     0  2
.  .  .  .  .  .  .  .  .  .  .
 1  2     2        1     3  2
.  .  .  .  .  .  .  .  .  .  .
      1  2  3  0
.  .  .  .  .  .  .  .  .  .  .
   1                    3
.  .  .  .  .  .  .  .  .  .  .
 3     3     0  1     1     0
.  .  .  .  .  .  .  .  .  .  .
   0        3  2        1
.  .  .  .  .  .  .  .  .  .  .
```

```
3   3   3 1     1 3
3   3       3 0
        3   2     2 1
3 3   3   2
            1 1     2 1
1 0   3 2
            0   1   2 1
1 2     2   3
    3 1         0   2
3 1     3 1   2   0
```

```
0   3           2   2
  2       3 0       2
1   3           3   3
        3 1
    0   1       1   3
    3   3       2   0
          1 1
  0   1           2   2
    2       0 3       3
  1   3               3   3
```

```
·  ·  ·  ·  ·  ·  ·  ·  ·  ·  ·  ·
   3        2  3        0
·  ·  ·  ·  ·  ·  ·  ·  ·  ·  ·  ·
 2     0              1     3
·  ·  ·  ·  ·  ·  ·  ·  ·  ·  ·  ·
   1        3  1        2
·  ·  ·  ·  ·  ·  ·  ·  ·  ·  ·  ·
         3        2
·  ·  ·  ·  ·  ·  ·  ·  ·  ·  ·  ·
 2     1     1  1     3     0
·  ·  ·  ·  ·  ·  ·  ·  ·  ·  ·  ·
 2     2     2  2     0     2
·  ·  ·  ·  ·  ·  ·  ·  ·  ·  ·  ·
         3        2
·  ·  ·  ·  ·  ·  ·  ·  ·  ·  ·  ·
   1        3  3        3
·  ·  ·  ·  ·  ·  ·  ·  ·  ·  ·  ·
 3     3              1     0
·  ·  ·  ·  ·  ·  ·  ·  ·  ·  ·  ·
   1        2  2        1
·  ·  ·  ·  ·  ·  ·  ·  ·  ·  ·  ·
```

```
. . . . . . . . . . .
  1 3  0    2  1 0
. . . . . . . . . . .
                2
. . . . . . . . . . .
   1 3   3     3 3
. . . . . . . . . . .
                      1
. . . . . . . . . . .
  0  1 3    2 3
. . . . . . . . . . .
    1 3     3 0   3
. . . . . . . . . . .
 0
. . . . . . . . . . .
   1 3    3  3 3
. . . . . . . . . . .
      0
. . . . . . . . . . .
 1 3  3    3  2 0
. . . . . . . . . . .
```

```
  0     3   1 0   2   3
        3             2
  2 1 1           2 2 0
      2 0 3 2
  3     2     1       3
  3     3     2       1
      1 2 3 3
  2 0 2         1 2 1
      1           0
  3   1   3 1   2   1
```

Slitherlink Easy

```
3     1     3 3   0
   3     1
 2 0   1     2 1 1
 2   1   1 1       3
       3     1 2 3
   3 1 3     2
 3         2 3   1   3
   3 2 2   0     1   3
           2     3
 1   2 0       3     1
```

```
·  ·  ·  ·  ·  ·  ·  ·  ·  ·  ·
·  ·  ·  ·  ·  ·  ·  ·  ·  ·  ·
·     3  1  3  3  ·  ·  ·     1  ·
·  1  ·  ·  ·     3  2  0  3  ·  ·
·  ·  ·  ·  ·  ·  ·  ·  ·  ·  ·
·     3  0  2  2  ·  ·  ·     3  ·
·  2  ·  ·  ·     1  0  1  1  ·  ·
·  ·  ·  ·  ·  ·  ·  ·  ·  ·  ·
·     0  2  0  3  ·  ·  ·     3  ·
·  3  ·  ·  ·     1  0  2  3  ·  ·
·  ·  ·  ·  ·  ·  ·  ·  ·  ·  ·
```

Slitherlink Easy 21

		2	1	0				0	1
2	1					1	1		
			2	3	1				
	3	2						2	1
1					2	3	0		
		1	2	3					1
2	1						1	1	
				3	1	0			
		2	2					2	0
3	1				0	2	2		

```
.  .  .  .  .  .  .  .  .  .
            2  2  3  2  2
.  .  .  .  .  .  .  .  .  .
   2  1  1     3        1
.  .  .  .  .  .  .  .  .  .
   1     2     1     1     2
.  .  .  .  .  .  .  .  .  .
   1  2  0     1           1
.  .  .  .  .  .  .  .  .  .
            2  1  1  2  2
.  .  .  .  .  .  .  .  .  .
 2  2  2  0  2
.  .  .  .  .  .  .  .  .  .
 2        1     2  0  2
.  .  .  .  .  .  .  .  .  .
 2  3  0     2     3
.  .  .  .  .  .  .  .  .  .
 3        3     2  2  2
.  .  .  .  .  .  .  .  .  .
 1  0  2  2  2
.  .  .  .  .  .  .  .  .  .
```

```
. .  3  . . . . . . . .  2  . .
. .  0  .  3  1  3  1  . .  3  . .
.  2  . . . .  2  . . . .  1  .
.  0  . .  2  . .  1  . . .  3  .
. .  1  . .  2  2  2  1  . .  1  . .
. .  1  . . . . . . . .  3  . .
.  1  . . . . . . . . . .  3  .
.  1  . . .  3  1  0  2  . .  1  .
. .  1  . .  1  . .  1  . .  1  . .
. .  1  . .  2  . .  3  . .  1  . .
.  3  . . .  0  2  0  2  . .  3  .
.  1  . . . . . . . . . .  1  .
. .  1  . . . . . . . .  3  . .
. .  3  . .  2  2  2  3  . .  2  . .
.  2  . . . .  1  . .  2  . .  3  .
.  2  . .  3  . . .  0  . . .  2  .
. .  1  . .  2  0  1  2  . .  0  . .
. .  1  . . . . . . . .  1  . .
```

```
3 . . . 2 1 2 2 . . . .
3 . . 3 . . 3 . . 2 .
2 . 3 . . 0 . . 2 0 .
1 0 . . 2 . . 1 . 1 .
1 . . 2 . . 3 . . 2 .
. . 2 . . 3 . . 3 . .
. 3 . . 1 . . 3 . . .
3 . . 2 . . 2 . . 0 .
2 . 2 . . 2 . . 2 2 .
0 2 . . 0 . . 1 . 2 .
1 . . 3 . . 1 . . 3 .
. . 1 . . 1 . . 2 . .
. 3 . . 3 . . 2 . . .
1 . . 1 . . 2 . . 3 .
2 . 3 . . 1 . . 0 2 .
3 1 . . 1 . . 1 . 3 .
1 . . 1 . . 3 . . 1 .
. . 3 1 1 2 . . . 3 .
```

```
.  .  .  .  .  .  .  .  .  .  .  .
   1     2     3  1     1     1
.  .  .  .  .  .  .  .  .  .  .  .
      3                    1
.  .  .  .  .  .  .  .  .  .  .  .
   3        2        0        1
.  .  .  .  .  .  .  .  .  .  .  .
      2              1
.  .  .  .  .  .  .  .  .  .  .  .
      2        0  3        1
.  .  .  .  .  .  .  .  .  .  .  .
 2                             2
.  .  .  .  .  .  .  .  .  .  .  .
 0           3        3        0
.  .  .  .  .  .  .  .  .  .  .  .
      1              0
.  .  .  .  .  .  .  .  .  .  .  .
   1        0  3           1
.  .  .  .  .  .  .  .  .  .  .  .
   1        2  3           3
.  .  .  .  .  .  .  .  .  .  .  .
      3              0
.  .  .  .  .  .  .  .  .  .  .  .
   0        0        3     1
.  .  .  .  .  .  .  .  .  .  .  .
 1                          2
.  .  .  .  .  .  .  .  .  .  .  .
      3        3  0        3
.  .  .  .  .  .  .  .  .  .  .  .
         2              1
.  .  .  .  .  .  .  .  .  .  .  .
 2        0        0        3
.  .  .  .  .  .  .  .  .  .  .  .
      3                    3
.  .  .  .  .  .  .  .  .  .  .  .
 3     3     1  3     1     2
.  .  .  .  .  .  .  .  .  .  .  .
```

```
0    3           2    1
   2      0 3       3
   3    2       2    3
        1       2
2 1 2   3 2   3 2 3

   1 2   2 3   3 1
3     3       2       3
   2     2 2     2
   3     1 3     3
3       1       0       0
   1 3   3 3   1 2

2 3 1   3 2   3 1 1
      2       2
   3     3     2     3
   1       2 0       3
3     0           1    2
```

```
0 2 3 3   .   2 3 3 1
1     1             1
0     0 2 1 1 2 2 1
1
1 2 2 3 2 2 2 3 1 2
                    2
                    3
2 0 3 1     3       2
2       1       1   2
1       1       2   2
1       0       2 3 3 3
2
2
2 2 3 3 2 2 0 1 2 2
                    2
1 3 1 1 2 3 1     3
2               2   1
3 1 1 3     2 2 2 2
```

```
.  .  .  .  .  .  .  .  .  .
.  2  .  .  1  2  .  .  3  .
. 1 . 3 0 . . 2 0 . 2 .
.  2  .  .  3  1  .  .  1  .
.  .  .  .  .  .  .  .  .  .
.  3  .  .  2  3  .  .  2  .
. 2 . 1 3 . . 1 3 . 2 .
.  2  .  .  2  3  .  .  2  .
. 3 . 1 1 . . 2 1 . 1 .
.  1  .  .  2  1  .  3  .  .
.  0  .  .  1  1  .  3  .  .
. 1 . 1 2 . . 3 1 . 2 .
.  3  .  .  1  1  .  .  1  .
. 3 . 3 1 . . 3 3 . 1 .
.  .  2  .  .  3  0  .  .  3  .  .
.  .  .  .  .  .  .  .  .  .
.  .  3  .  .  1  3  .  .  3  .
. 2 . 3 2 . 1 1 . 2 .
.  .  3  .  .  3  1  .  .  3  .  .
```

```
2     1   3     1
1     2   3         0
   2 2       3 2
          3        2
 2   2      1 2    1
 2     1   3 3       3
   2   2        2
   3      0 2        2
   0           2      3
 2     1        2
 3        2 3      2
     1        3    2
 1     0 2    2      1
   2   2 2       3   1
   3        1
     2 2         1 2
 3       1   2     3
   3     0   3     3
```

```
. 1 1 .  .  . 1 . 3 .  .  . 1 . 1 .
.     .     .     .     .     .     .
.  3 . 3  .  . 2 . 3  .  .  3  .
. 2 .  .  3 . 2 .  .  . 2 . 2  .  .
.     .     .     .     .     .     .
. 1 1 .  .  . 0 . 1  .  . 1 . 0 .
.  .  0 . 1  .  .  1 . 0  .  .  .
.     .     .     .     .     .     .
. 3 .  .  . 1 . 3  .  . 3 . 3  .  .
.  3 . 3  .  . 3 . 1  .  .  1  .
.     .     .     .     .     .     .
.  2 . 2  .  .  0 . 2  .  .  .
. 2 . 0  .  . 0 . 2  .  . 2 . 0 .
.     .     .     .     .     .     .
.  3 . 3  .  . 3 . 3  .  .  2 .
. 2 .  .  . 2 . 2  .  . 2 . 3  .  .
.     .     .     .     .     .     .
. 3 . 1 .  .  . 3 . 3  .  . 3 . 1 .
```

```
.  .  .  .  .  .  .  .  .  .  .  .
   3        0  2        1
.  .  .  .  .  .  .  .  .  .  .  .
 3.    2.          .   2.    1
.  .  .  .  .  .  .  .  .  .  .  .
.1     3              3.    1.
.  .  .  .  .  .  .  .  .  .  .  .
          3  2
.  .  .  .  .  .  .  .  .  .  .  .
 2. 1              .      3  3
.  .  .  .  .  .  .  .  .  .  .  .
       1  1     3.
.  .  .  .  .  .  .  .  .  .  .  .
.  2. 1.          3. 2.
.  .  .  .  .  .  .  .  .  .  .  .
 2.           3.          1
.  .  .  .  .  .  .  .  .  .  .  .
 1         3.       1  2
.  .  .  .  .  .  .  .  .  .  .  .
.  1  2     3.          1.
.  .  .  .  .  .  .  .  .  .  .  .
 3         3.             2
.  .  .  .  .  .  .  .  .  .  .  .
   2  1.          0. 3.
.  .  .  .  .  .  .  .  .  .  .  .
       1.    3  2.
.  .  .  .  .  .  .  .  .  .  .  .
.1  2.             .   2  1.
.  .  .  .  .  .  .  .  .  .  .  .
          3  2.
.  .  .  .  .  .  .  .  .  .  .  .
 0.    3.          1.    2
.  .  .  .  .  .  .  .  .  .  .  .
 1.    1.          1.    3
.  .  .  .  .  .  .  .  .  .  .  .
   1.    3. 1.       1.
.  .  .  .  .  .  .  .  .  .  .  .
```

```
3   2 1   1 0     2
3         1       2
    3   3     3 3
    2             2
3 3   1 2     3   2
  1           2
    3     3 0   1 3
0             2
1       1 3 1
    3   1 2       2
    1               0
0 1   1 2     2
      0         1
3   2     1 1   3 2
2               2
  2 0     3   1
3         1       1
1     0 1   2 3   1
```

```
  1 3 2 3 2 1 0 1

 2 1 2 2           1 2
 2     2 3 1 1       2
 3 2 0       2 2 2 1
     1
 0   2   3 2 2 3   3
 2   2   2     2   2
 3   2   3     2   2
 1   1       0   2   3
 1   3       2   2   2
 2   1 3 2 2   2   3
             1
 3 2 1 2         1 3 2
 2     3 2 2 1       2
 1 2         1 2 2 2

   2 2 1 2 1 2 3 2
```

```
.  .  .  .  3  .  .  .  .  3  .  .
.  .  3  2  1  .  .  0  2  1  .  .
.  .  .  .  .  .  .  .  .  .  .  .
.  2  3  .  1  .  2  0  .  3  .  .
.  .  3  .  2  .  .  2  .  2  .  .
.  .  3  .  1  3  .  3  .  2  1  .
.  .  .  .  .  .  .  .  .  .  .  .
.  .  0  2  0  .  .  1  2  3  .  .
.  .  3  .  .  .  .  3  .  .  .  .
.  .  .  .  1  .  .  .  .  3  .  .
.  .  2  3  2  .  .  2  2  3  .  .
.  .  .  .  .  .  .  .  .  .  .  .
.  3  3  .  2  .  2  2  .  0  .  .
.  .  1  .  0  .  .  3  .  1  .  .
.  .  3  .  2  1  .  2  .  1  2  .
.  .  .  .  .  .  .  .  .  .  .  .
.  .  3  2  3  .  .  2  1  3  .  .
.  .  2  .  .  .  .  3  .  .  .  .
```

```
.  .  3  1  .  0  1  .  2  2  .  .
.  3  .  .  3  .  .  3  .  .  3  .
.  3  .  .  1  .  .  3  .  .  3  .
.  .  2  3  .  2  1  .  2  0  .  .
.  3  .  .  1  .  .  1  .  .  1  .
.  2  .  .  0  .  .  3  .  .  1  .
.  .  1  1  .  2  2  .  3  1  .  .

.  2  0  .  .  3  0  .  .  1  0  .
.  1  1  .  .  2  1  .  .  1  1  .

.  .  2  3  .  2  2  .  3  0  .  .
.  2  .  .  1  .  .  2  .  .  3  .
.  0  .  .  1  .  .  2  .  .  2  .
.  .  3  3  .  1  2  .  2  3  .  .
.  2  .  .  1  .  .  3  .  .  2  .
.  1  .  .  1  .  .  3  .  .  1  .
.  .  2  0  .  1  3  .  1  3  .  .
```

```
.   . 1 . 0 . 2 .   .   . . 3 . 1 . 1 .
. 1   .   .   .   .   3   .   .   .   .
. 2   .   .   .   .   3   .   .   .   .
.   .   .   . 2 .   .   .   .   .   . 3 .
.   .   .   . 0 .   .   .   .   .   . 2 .
. 0 . 1 . 3 .   .   .   . 0 . 2 . 3 .   .
.   .   .   .   1   .   .   .   .   .   .
.   . 0 .   .   3 .   .   . 3 .   . 2 .   .
. 3   .   . 0   .   .   3   .   .   3   .
. 3   .   . 3   .   .   1   .   .   1   .
. 1   . 1   .   . 2   .   .   0   .   .
.   .   .   .   0   .   .   .   .   .   .
.   . 3 . 1 . 0 .   .   . . 1 . 3 . 2 .
. 3   .   .   .   .   0   .   .   .   .
. 1   .   .   .   .   3   .   .   .   .
.   .   .   . 2 .   .   .   .   .   . 0 .
.   .   .   . 3 .   .   .   .   .   . 2 .
.   . 1 . 1 . 0 .   .   . . 3 . 1 . 1 .   .
```

	1			2			3		1
0					3		3		
			1					1	
	2			3		1		2	
		1			0		3		
2			0				0		
	3			3				3	0
		3				1			
3					0		2	0	
	1	0		1					1
			1				3		
0	2				2			2	
		1				3			0
		3		2			3		
	3		1		1			2	
	3					0			
		0		3					3
3		3			3			3	

Puzzle grid:

```
. . . . . . 1 2 . . . . .
. 3 0 3 . . . . . 3 2 1 .
. . . . . 2 3 . . . . . .
. 2 3 . . . . . 3 2 . .
. . . 2 . . 3 . . . . .
. 1 3 . . 2 1 . . 2 1 .
. . . 1 . . . 3 . . . .
. . . 3 1 2 1 . . . . .
. 1 3 . . . . . . 3 2 .
. 2 3 . . . . . . 1 1 .
. . . . 2 1 3 1 . . . .
. . . 2 . . . . 0 . . .
. 0 3 . . 3 2 . . 2 1 .
. . . . 2 . . 1 . . . .
. . 3 1 . . . . . 3 1 .
. . . . 3 0 . . . . . .
. 1 3 3 . . . . 3 2 1 .
. . . . 3 2 . . . . . .
```

```
. . . . . . . . . . .
.2. .2. .3. .0. .3. .
.2. .2. .2. .3. .0. .
. .0. .2. .2. .1. .3 .
. . . . . . . . . . .
.1. . .1. . .0. . .3 .
. .2.3. .3.3. .2.0. .
.2. . . . . . . . . .2
.1. .2.2. . .0.2. .1 .
. .3. . .1.2. . .1. .
. .1. . .2.2. . .3. .
.1. .0.1. . .1.2. .1.
.1. . . . . . . . .3 .
. .1.2. .3.1. .3.3. .
.3. . .0. . .2. . .1 .
. . . . . . . . . . .
.3. .2. .1. .2. .1. .
. .3. .2. .2. .3. .3 .
. .3. .3. .0. .1. .1 .
. . . . . . . . . . .
```

Slitherlink Medium

```
.  . 1 2 . 0 2 . 1 2 . .
.  .   .   .   .   .   .
. 0   . 0   . 3   . 2 .
. 2   . 2   . 1   . 0 .
.   1     .     . 3    .
. 1 3   . 3 0   . 0 2 .
.   2     .     3      .
.   1   2   .   3 . 3  .
. 2   .   1 1   .   2  .
. 0   .   1 1   .   1  .
.  2   3   . 1   3    .
.   3       .   1      .
. 3 1   . 0 3   . 3 3 .
.   2       .   1      .
. 2   . 3   . 3   . 0 .
. 3   . 0   . 2   . 1 .
.  .   .   .   .   .   .
.  . 2 0 . 3 3 . 1 3 . .
```

Slitherlink Medium 42

		3			2	1			2
1	2			3			3		2
				1			2		
2	2			3			3		
		2		3			1		1
		3			1	3			3
3	0							1	
			3	1	3	2			3
		1					3		3
2		2					1		
3			0	2	3	1			
	3							2	1
0			2	3			1		
2		2			2		1		
		0			2			3	3
		2			1				
3		0			3			3	3
2			3	2			1		

```
. 2 . . . . 3 2 . . 1 2 .
. 2 3 0 . . 3 . . 0 . .
. . . . . . 3 . . 3 . .
. . 1 3 . . . . . . . .
. . 3 . . 1 . . . . 2 .
. . 1 . . 0 . . 1 3 3 .
. . . . 1 3 . . . . . .
. 0 . . . . . 2 1 2 . .
. 1 1 3 . . . 3 . . . .
. . . 1 . . . 1 2 1 .
. . 3 2 3 . . . . . 1
. . . . 2 3 . . . . .
. 2 2 3 . . 1 . . 2 . .
. 0 . . . . 3 . . 0 . .
. . . . . . . . 2 2 .
. . 3 . . 3 . . . . . .
. . 3 . . 1 . . 3 1 3 .
. 2 2 . . 1 0 . . . 3 .
```

```
.  .  .  .  .  .  2  2  3  1  .  .
.  .  2  1  2  3  .  .  .  .  3  .
.  0  .  .  0  .  .  .  .  .  3  .
.  2  .  .  2  .  .  .  .  .  1  .
.  3  1  2  2  .  .  .  .  .  2  .
2  .  .  .  .  2  1  2  2  .  .  .
3  .  .  .  .  2  .  .  1  .  .  .
3  .  .  .  .  3  .  .  3  .  .  .
2  .  .  .  .  1  2  2  2  .  .  .
.  0  1  1  2  .  .  .  .  1  .  .
.  1  .  .  2  .  .  .  .  1  .  .
.  2  .  0  .  .  .  .  .  .  0  .
.  2  3  2  1  .  .  .  .  2  .  .
2  .  .  .  .  1  1  1  2  .  .  .
2  .  .  .  .  3  .  .  2  .  .  .
1  .  .  .  .  1  .  .  2  .  .  .
0  .  .  .  .  3  2  1  3  .  .  .
.  1  3  2  3  .  .  .  .  .  .  .
```

```
.  .  .  .  .  .  .  .  .  .  .  .
      1  1  1           1
.  .  .  .  .  .  .  .  .  .  .  .
 2  2        3  3     2  0
.  .  .  .  .  .  .  .  .  .  .  .
 0        0        2
.  .  .  .  .  .  .  .  .  .  .  .
 2  2           3  2     2  1
.  .  .  .  .  .  .  .  .  .  .  .
      1  1  1                 1
.  .  .  .  .  .  .  .  .  .  .  .
 1        1           3
.  .  .  .  .  .  .  .  .  .  .  .
 2  1              2     0
.  .  .  .  .  .  .  .  .  .  .  .
      2  1  2     1
.  .  .  .  .  .  .  .  .  .  .  .
 3  1     1        1        3
.  .  .  .  .  .  .  .  .  .  .  .
 2        2        2     1  3
.  .  .  .  .  .  .  .  .  .  .  .
      2     1  2  1
.  .  .  .  .  .  .  .  .  .  .  .
    3     2              0  3
.  .  .  .  .  .  .  .  .  .  .  .
       3           1        3
.  .  .  .  .  .  .  .  .  .  .  .
 1              1  1  1
.  .  .  .  .  .  .  .  .  .  .  .
 2  3     1  1           1  1
.  .  .  .  .  .  .  .  .  .  .  .
       1        2           1
.  .  .  .  .  .  .  .  .  .  .  .
 1  2     2  2           3  3
.  .  .  .  .  .  .  .  .  .  .  .
 2              1  0  1
.  .  .  .  .  .  .  .  .  .  .  .
```

```
. 3 . 2 .  . . 1 3 3 .  . . .
. 3 . 3 . 3 . . . . . . 1 .
. . 2 . . . . . . 3 . 3 . .
. . . . 1 . 2 . 3 . 2 . 2 . . .
. 0 . 1 . 1 . . . . . 2 . . .
. . . . . 3 . 3 . 3 . . . 1 .
. . . 1 . . . . 1 . . . .
. . 3 . . 2 . 2 . 2 . 2 . . 2 .
. 2 . . 2 . . . 2 . . . . 3 .
. 1 . . . . 2 . . . 2 . . 2 .
. . 3 . . 2 . 2 . 2 . 2 . . 2 .
. . . . 3 . . . . . 3 . . .
. 2 . . . . 2 . 3 . 2 . . .
. . 1 . . . . . . . 2 . 2 . 2 .
. . . . 2 . 2 . 2 . 1 . 2 . . .
. . 3 . . 3 . . . . . . 0 . .
. 2 . . . . . . . 2 . . 3 . . 3 .
. . . 2 . 0 . 2 . . . . 1 . . 2 .
```

```
  .  .  .  .  .  .  .  .  .  .  .
     3        0  2        1
  .  .  .  .  .  .  .  .  .  .  .
  0        1        0        1
  .  .  .  .  .  .  .  .  .  .  .
           2        2
  .  .  .  .  .  .  .  .  .  .  .
     2  1              3  3
  .  .  .  .  .  .  .  .  .  .  .
  3        1  2     2        3
  .  .  .  .  .  .  .  .  .  .  .
  1        3     1  3        3
  .  .  .  .  .  .  .  .  .  .  .
        2              1
  .  .  .  .  .  .  .  .  .  .  .
     2        3  2        1
  .  .  .  .  .  .  .  .  .  .  .
  2        2        3        0
  .  .  .  .  .  .  .  .  .  .  .
  3        3        0        2
  .  .  .  .  .  .  .  .  .  .  .
     1        1  2        2
  .  .  .  .  .  .  .  .  .  .  .
        3              1
  .  .  .  .  .  .  .  .  .  .  .
  1        0  1     1        0
  .  .  .  .  .  .  .  .  .  .  .
  2        1     2  3        1
  .  .  .  .  .  .  .  .  .  .  .
     1  3              1  1
  .  .  .  .  .  .  .  .  .  .  .
           3        3
  .  .  .  .  .  .  .  .  .  .  .
  1        2        3        1
  .  .  .  .  .  .  .  .  .  .  .
     0        1  2        3
  .  .  .  .  .  .  .  .  .  .  .
```

```
. . . . . 2 1 . . . 3 .
. 2 3 3 . . . 3 . . 3 .
. . . . 0 . . . 1 2 . .
. 3 1 1 . 2 2 . . . . .
. . . . . . 3 . . . . .
. . 3 . 3 . . . 3 2 3 .
. . . . . 0 . . . . . .
. 2 0 1 . . . . 1 . . .
. . . 3 3 . . . . . 3 .
. 3 . . . 3 2 . . . . .
. . 0 . . . . 1 3 2 . .
. . . . 0 . . . . . . .
. 2 3 2 . . . 3 . 0 . .
. . . 2 . . . . . . . .
. . . . 3 0 . 2 3 2 . .
. . 2 1 . . . 2 . . . .
. 2 . . 2 . . . 3 1 1 .
. 0 . . . 3 2 . . . . .
```

```
.  .  1  .  1  .  .  1  .  3  .  .
.  3  .  .  .  2  0  .  .  .  2  .
.  .  0  3  .  .  .  .  1  1  .  .
.  .  .  .  0  1  2  1  .  .  .  .
.  .  3  1  .  .  .  .  3  3  .  .
.  1  .  .  .  .  .  .  .  .  2  .
.  .  3  .  2  2  2  2  .  3  .  .
.  .  .  2  .  .  .  .  2  .  .  .
.  0  .  .  .  3  .  .  .  .  1  .
.  2  .  .  .  .  0  .  .  .  0  .
.  .  .  1  .  .  .  .  1  .  .  .
.  .  1  .  2  0  2  2  .  0  .  .
.  3  .  .  .  .  .  .  .  .  3  .
.  .  2  3  .  .  .  .  1  3  .  .
.  .  .  3  2  1  2  .  .  .  .  .
.  .  2  3  .  .  .  .  3  3  .  .
.  1  .  .  .  3  1  .  .  .  3  .
.  .  0  .  2  .  .  2  .  1  .  .
```

```
. . 3 3 2 . . . . . 1 . .
. 2 . . . 0 . . 2 . 2 .
. 1 . 2 . . 3 . . 0 .
. 2 . 3 . 2 . . . 2 .
. . 1 . . . 3 3 1 . .
. . . 1 . . . . . . .
. . 3 . 3 . . 2 2 0 3 .
. . 1 . . 2 . . . . . .
. . 3 . . . 1 1 3 . .
. . . 3 2 3 . . . 3 . .
. . . . . 1 . . 2 . .
. 0 2 1 2 . 3 . 0 . .
. . . . . . . 1 . .
. . 1 0 3 . . . 3 . .
. 2 . . . 1 . 1 . 2 .
. 1 . 3 . . 3 . . 1 .
. 3 . 2 . 3 . . . 1 .
. . 3 . . . . 0 2 3 . .
```

2 3 1 2
2 3 3 3
2 2
3 2 3 3
1 3 0 3
3 0 3 0
3 1
1 2 1 3
0 3 1 2
2 0 2 2
2 3 3 3
1 1
3 2 3 3
2 1 1 0
3 1 2 3
3 2
2 0 2 3
0 3 3 3

```
.  .  .  1  3  .  .  0  .  .  .  .  .
.  2  .  .  2  1  .  .  .  .  .  2  .
.  0  .  .  1  .  .  .  .  2  0  .  .
.  1  1  .  .  .  .  3  .  .  .  1  .
.  3  .  .  .  .  2  1  .  .  2  .  .
.  .  .  3  .  .  0  3  .  .  .  .  .
.  .  2  0  .  .  .  1  .  .  .  .  .
.  2  .  .  2  2  .  .  .  .  .  2  .
.  2  .  3  .  .  .  .  .  3  2  .  .
.  0  3  .  .  .  1  .  .  .  1  .  .
.  1  .  .  .  3  2  .  .  .  0  .  .
.  .  .  2  .  .  3  2  .  .  .  .  .
.  .  3  1  .  .  3  .  .  .  .  .  .
.  2  .  .  2  3  .  .  .  .  1  .  .
.  1  .  3  .  .  .  .  2  2  .  .  .
.  1  0  .  .  .  1  .  .  3  .  .  .
.  3  .  .  .  3  2  .  .  3  .  .  .
.  .  .  3  .  .  0  2  .  .  .  .  .
```

```
. . . . . . . . . .
. 0 . . 3 . 1 . . 3 . .
. . 2 . 2 . . 2 . 1 . .
. . 0 . . . 2 . 1 . . 0 .
. 1 . . . 1 . 3 . . 2 . .
. . 3 . 0 . . . 3 . 1 . .
. . 0 . . . 1 . 3 . . 1 .
. 3 . . . 1 . 2 . . 0 . .
. . 2 . 3 . . 1 . 3 . . .
. . 2 . . 2 . 2 . . . 2 .
. 3 . . 1 . 1 . . 2 . . .
. . 1 . 2 . . 1 . 0 . . .
. . 3 . . 2 . 1 . . . 3 .
. 1 . . 3 . 3 . . 1 . . .
. . 1 . 0 . . 2 . 2 . . .
. . 3 . . . 1 . 1 . . 2 .
. 3 . . 2 . 3 . . 3 . . .
. . 0 . 2 . . . 0 . 3 . .
. . 1 . . 1 . 2 . . 2 . .
. . . . . . . . . .
```

```
. . . . . . . . . . . . . .
. 3 . . 1 . 3 . 2 . . 3 . . 3 . 1 .
. 3 . . . . . . . . 1 . . . . . . .
. 2 . . 3 . . 3 . . . . . . . 1 . .
. . . . . 1 . . 3 . 2 . . 1 . . . .
. 2 . 2 . 2 . . 3 . . . . . . . . .
. . . . . . . 2 . . 3 . 3 . 2 . . .
. . 1 . . 2 . 3 . . . . . . . . . .
. . . . . . . 1 . . 3 . . 2 . . . .
. 1 . . 0 . 2 . 1 . . . . . 2 . . .
. 3 . . . . . 2 . 3 . 3 . . 3 . . .
. 2 . . 1 . . 2 . . . . . . . . . .
. . . . . 0 . . 1 . . 1 . . . . . .
. 3 . 3 . 2 . . 3 . . . . . . . . .
. . . . . . . 2 . . 3 . 1 . 1 . . .
. 1 . . 3 . 2 . . 1 . . . . . . . .
. 2 . . . . . . 3 . . 1 . . 2 . . .
. . . . 3 . . . . . . . . . . 1 . .
. 2 . 1 . . 2 . . 3 . 2 . 1 . . 3 .
. . . . . . . . . . . . . . . . . .
```

```
. 2 . 3 . 1 0 . 1 . 2 .
.   3 . 2 .   3 . 3 .   .
. .   3 . 2 2 .   3 . . .
. .   .   .   .   .   . .
. 3 0 1 1 1 1 3 2 2 0 .
. .   .   .   .   .   . .
. 2 .   . 1 2 . .   . 3 .
.   2 . 2 .   0 . 3 .   .
. .   3 . 2 2 . 1 .   . .
. .   2 . 2 2 . 2 . . . .
. .   3 . 3 .   2 . 3 . .
. 1 . . . 2 3 . . . 0 .
. .   .   .   .   .   . .
. 1 0 3 1 2 3 3 2 0 3 .
. .   .   .   .   .   . .
. . . 1 . 1 2 . 0 . . .
.   3 . 3 .   2 . 3 .   .
. 3 . 1 . 3 3 . 2 . 3 .
```

```
        2   2
   2 1   3   1   0 1
   1 0   3   1   1 2
        1   3
 1 2 2 3 2   1 1 2 1

 3   3 1 1 3 2 1   2
 2   1           3   1
 2   0   3 2   2   0
 2   2   0 3   2   2
 2   2           3   2
 2   3 0 2 2 2 2   1

 1 2 2 1   2 1 1 0 2
     2   0
 2 0   2   1   2 3
 3 2   3   3   0 3
     3   2
```

3			0			1			
3				2			0	3	
	2	2			3				1
			0			1			2
1			2				2		
	2			2	3			2	
		3				0			3
2			3			2			
3				1			3	3	
	2	1			2				2
			2			3			1
1			0				2		
	3			2	2			0	
		3				0			3
2			1			2			
2				3			0	3	
	3	0			2				1
			3			0			2

3	2	1					3	3	2
		2		3	1		1		
1		3					3		2
		1		1	1		2		
2	1	3					3	2	1
			3			2			
	2			2	1			2	
2		3		1	2		1		3
1			1			1			2
0			2			3			2
2		3		3	1		2		1
	2			1	2			2	
			3			2			
1	1	2					1	2	1
		2		3	1		1		
3		2					3		2
		1		3	2		2		
3	2	1					3	1	1

```
2 1     1     2
   1   2     2   3
   3     3 0     3
2 1
         3     3 3
  3 1         1     2
1     2     1     1
1     0         1 2
  1 3   1 1
         1 1   2 2
  3 1       3     2
0     1     2     3
1     1       2 3
  3 3     0
                 3 1
0     0 2     3
2   2     1   3
   2     1     2 1
```

```
1    3    3 1    1    1
2                      1
   3 1    0 3    3 3

   3 0    3 1    0 2
1                      2
2    3    1 3    3    2

3    3    1 1    1    1
3    2    1 1    3    3

1    1    2 1    3    3
3                      2
   0 2    2 0    3 1

   1 3    3 1    1 2
3                      3
1    3    0 1    3    2
```

```
·  ·   0 · 1  · 0 2  · 3  · 2  · ·
·3 · 3 · 1 ·  · 1 · 2 ·  · 3
· · 3 · 2 · · · · 2 · · 0
·2 · 1 · · · 2 2 · · 2 · 1
·1 · 1 · · · 1 0 · · 2 · 2
·  0 · · 3 · · · · 2 · · 3
·1 · · 1 · 0 · 2 · 3 · · 1
· · 1 · 2 · 3 2 · 1 · 2 ·
· · 0 · 1 · 3 2 · 0 · 3 ·
·2 · · 1 · 3 · · 1 · 1 · 3
· · 2 · · 2 · · · 3 · · 2
·1 · 3 · · · 3 0 · · 0 · 2
·2 · 0 · · · 2 1 · · 3 · 2
· · 1 · · 1 · · · 3 · · 1
·3 · · 3 · 2 · 1 · 0 · · 2
· · 1 · 3 · 3 1 · 1 · 2 ·
· · 0 · 2 · 2 1 · 3 · 0 ·
·1 · · 2 · 1 · · 1 · 1 · 3
· · 1 · · 3 · · · 2 · · 2
·0 · 3 · · · 2 2 · · 0 · 1
·2 · 1 · · · 1 0 · · 3 · 0
· · 2 · · 3 · · · 3 · · 1
·1 · · 2 · 2 · · 2 · 3 · · 3
· · · 3 · 3 · 1 0 · 2 · 1 · ·
```

```
0 1 3   1 2 3 2 3   1 1 1

  1 1 3   1     1   3 0 3
1       3     1           1
0       2       3         1
2   0 3 2   2 1   0 3 2   3
            3 2
            2 2
  3 0 3               2 0 2
1       0 2 3 3 3 1       2
3                     2   2
2   2   1 3 1         1   2
1   3       2 2 3   0   1
2   1                     1
1       2 2 3 3 1 3       2
  3 0 3               2 1 3
            1 1
            1 1
3   0 2 0   2 1   1 1 3   0
3       3       2         1
1           1     0       1
  3 0 1   1     1   1 1 3

3 2 2   3 2 3 2 2 3   3 1 0
```

```
. 1 . 0 2 . . 1 3 . . 0 2 . 3 .
  . 2 . . 1 . 0 3 . 3 . . 2 . .
. 2 . . . . 3 . . 1 . . . . 0 .
. 1 . . . 3 . . 0 . . . . 2 . .
. . 3 . . 2 . . . 3 . . 2 . . .
. . . 1 2 . . 3 3 . . 2 2 . . .
. 1 . . . . 3 . . 2 . . . . 1 .
. . 3 . . 2 . . . 2 . . 2 . . .
. 3 . 0 . . . 3 3 . . . 2 . 3 .
  . . 3 . 1 . . 2 3 . . . . .
  . 0 . . 1 . . . . 2 . . 0 .
. 3 . 1 . . 3 . . 1 . . 3 . 2 .
. 1 . 1 . . 3 . . 3 . . 2 . 0 .
  . 3 . . 1 . . . 2 . . 1 . .
  . . . 0 . 3 . . 1 . 2 . . .
. 0 . 2 . . . 0 2 . . . 0 . 3 .
  . 3 . . 3 . . . 2 . . 3 . .
. 3 . . . 2 . . 3 . . . . . 2 .
  . . 0 3 . . 2 1 . . 1 3 . .
  . 3 . . 1 . . . 3 . . 2 . .
. 3 . . . . 1 . . 1 . . . . 1 .
. 1 . . . 1 . . 2 . . . . 2 . .
  . 2 . 3 . 2 3 . 1 . . 3 . .
. 1 . 2 0 . . 2 0 . . 2 0 . 3 .
```

				3	2					2		1	2
	2					3	2	3				2	
3		3	0					3				1	
1				1					3	1	3		
			1			0							
2	3		1					0					3
		0								0			3
					3	0	3					2	
	0			2				1					2
				1				0	2	0			
0			2	3		1					1		3
		1						1			1		
		0			1						0		
3		2					1		3	3			0
			2	1	3				2				
1					3				2			0	
	3					3	1	3					
1			0								0		
3					0					1		1	3
							0			3			
		3	1	0					3				1
	2				3					1	3		3
	3				3	2	1					3	
1	1		0					3	1				

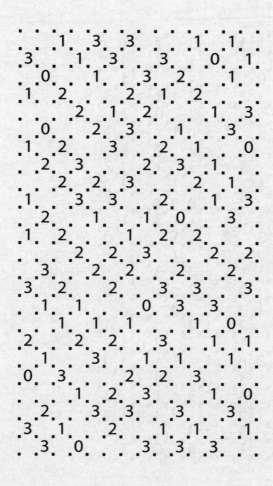

```
 0  1  1  .  3  2  1
3  3  1  .  3  2  0
 2  .  0  .  3  .  3
3  1  2  .  2  1  3
 2  3  3  .  2  0  2
2  .  2 1 3  1  .  1
 3  0  1  .  2  2  3
1  3  3  .  3  1  2
 1  .  1  .  1  .  2
2  1  2  .  2  1  1
 3  1  0  .  1  3  1
3  .  3  2 1  1  .  0
2  .  2  2 1  1  .  1
 1  3  1  .  2  3  1
1  2  2  .  2  1  3
 1  .  1  .  3  .  2
2  1  2  .  2  0  1
 3  2  1  .  3  2  3
3  .  3  2 1  1  .  0
 1  2  3  .  3  2  1
3  3  3  .  3  1  3
 1  .  1  .  2  .  1
1  1  3  .  3  1  3
 1  1  1  .  3  0  3
```

```
. 1 .   .   . 2 . 3 . 1 .   .   . 2 2 .
  . 3 . 3 . 2 .       . 2 1 3 .   .
. 0 . 2 .       . 3 2 3 .   .   . 2 .
  .   . 1 3 3 .   .   . 1 . 2 .   . 1
. 3 . 1 3 .   . 2 . 1 . 3 .   .   .
  .   . 2 . 3 . 1 .       . 0 . 3 .
. 1 . 2 . 2 .   . 3 . 1 .   .   .
  . 2 .   . 3 . 1 . 1 .   . 2 . 2 .
  . 3 . 2 .   . 2 . 1 . 3 .
. 3 2 .   . 3 . 1 . 3 .   .   . 3 .
  .   . 1 . 1 . 1 .   . 2 3 1 .
  . 2 . 2 .   . 0 2 0 .   .   . 3 .
. 3 .   . 3 0 3 .   . 1 . 1 .
  . 1 1 2 .   . 2 . 3 . 3 .
. 3 .   . 1 . 2 . 2 .   . 2 1 .
  . 2 . 3 . 3 .   . 2 . 2 .
. 2 . 1 .   . 1 . 1 .   . 1 .
  .   . 1 . 3 .   . 2 . 2 . 3 .
. 1 . 3 .   . 0 . 1 . 2 .
  .   . 2 . 1 . 3 .   . 2 1 1 .
. 2 . 3 . 1 .   . 2 2 3 .   .
  . 2 .   . 3 1 3 .   .   . 3 . 2 .
  . 1 1 2 .   .   . 1 . 2 . 2 .
. 2 2 .   .   . 2 .   . 2 . 3 .   . 2 .
```

```
.2. .1.2. . .2. . . .1.1. .1.
.3. . .1.3. .3.1.3. . . .0.
. .0.3. . . . . . . .1.3. .
. . .1.2.1. . . .2.2. . .
.2. . . . .3.2.1. . . .1.3.
.3. .3.0.1. . . . . . . .
. . . . .0.1.1. .3.2.0. .
.0. .2.0.3. .2. . . . .3.
.2. .3. . . .2.2.3. . .
.2. .2. .3.2. . .0. .3.
. . . .1. . .1.1. .3. . .
. .3.0. . . . .3. . .2. .
. .2. . .2. . . .3.2. .
. . .3. .3.3. .3. . . .
.0. .2. . .2.1. .2. .2.
. . .3.2.3. . . .3. .0.
. .2. . . .3. .3.1.2. .1.
. .3.0.2. .3.2.0. . . .
. . . . . .2.1.3. .1.
.2.3. . . .3.2.0. . . .0.
. . . .2.1. . .3.1.3. .
. .0.2. . . . . .2.3. .
.2. . . .2.3.1. .1.3. . .3.
.1. .2.1. . . .3. .0.2. .2.
```

```
.1. .3.3. .  .  .  .2.0. .  .3.3.
.  .2. .  .2.2. .  .2.1. .
.  .1. .  .3. .0.2. .  .  .3.3.
.2.1. .1.1. .  .  .2.3. .  .2.2.
.2. .  .1. .  .1. .  .1.2. .
.  .  .2. .  .1.3. .  .  .2.3.
.  .3.2. .  .  .3.2. .  .  .0.2.
.  .3. .  .3. .  .2. .  .1. .
.3. .  .3.1. .  .  .2.0. .
.  .2.1. .  .  .2.1. .
.1. .  .3. .  .3. .  .0. .  .3.
.0. .  .  .  .0.3. .  .  .1.3.
.  .3.3. .  .2.3. .  .  .  .3.
.  .2. .  .2. .  .2. .  .2. .3.
.  .  .  .0.2. .  .  .1.2. .
.  .  .0.2. .  .  .0.2. .  .  .3.
.  .  .1. .  .2. .  .1. .  .2. .
.3.1. .  .3.3. .  .  .1.2. .
.  .0.2. .  .  .1.2. .  .3. .
.  .  .2.1. .  .3. .  .0. .  .2.
.2.2. .  .2.3. .  .  .2.3. .1.3.
.  .1.2. .  .1.1. .  .2. .  .0. .
.  .  .2.2. .  .1.2. .  .2. .
.1.3. .  .2.0. .  .  .  .1.0. .3.
```

```
. 2 . . . . . 3 . 1 . 2 . 3 . . 1 . . . .
. 2 . 0 . 3 . 2 . 0 . . . . . . 0 . . . .
. . 2 . . . . . 2 . . . . . . . 2 . 1 . .
. . 1 . . . . 3 . 2 . 3 . 2 . . 1 . . . .
. . 3 . 3 . 2 . 3 . 2 . . . . . . 3 . . .
. 2 . 2 . . . . . 3 . . . . . . . 3 . . .
. . . 0 . . . . . 2 . 1 . 0 . 1 . . 3 . .
. . 3 . . 1 . 0 . 3 . 2 . . . . . . 2 . .
. 1 . 0 . . 2 . . . . . . 1 . . . . . 2 .
. . . . . 2 . . . . . . 2 . 3 . 2 . 2 . .
. . . . 3 . . 2 . 1 . 2 . . 0 . . . . . .
. 0 . 2 . 0 . . 2 . . . . . 2 . . . . . .
. . . . . . 1 . . . . . 3 . . 2 . 1 . 3 .
. . . . . 3 . 1 . 1 . 3 . . 2 . . . . . .
. . 3 . 2 . 0 . . 2 . . . . . 1 . . . . .
. 1 . . . . . 2 . . . . . . . 2 . 1 . 3 .
. 2 . . . . . 1 . 2 . 3 . 3 . . 2 . . . .
. 3 . . 2 . 2 . 1 . 2 . . . . . 0 . . . .
. . 0 . . . . . . 1 . . . . . . 2 . 3 . .
. . 2 . . . . . 3 . . 2 . 1 . 2 . . 3 . .
. . 1 . . 1 . 1 . 3 . 0 . . . . . . . 1 .
. 3 . . 1 . . . . . 2 . . . . . . . 1 . .
. . . 3 . . . . . . . 3 . . 2 . 2 . 3 . 0 .
. . . . 3 . . 2 . 0 . 1 . . 1 . . . . . 1 .
```

```
. . . 1 . 0 . 1 . 1 . . . . . .
. . 1 . . . . . . . . . . . . .
. 3 1 . . . . . . . 2 2 . 2 2 .
. . 3 . 2 . 3 . 3 . . 1 . . . .
. 1 . 3 . . . . 2 . . . 3 . 0 .
. . . 2 2 . 2 1 . 3 2 . . . . .
. 3 . 1 . . 1 . . . . . 3 . 2 .
. . . 2 . . 1 . 0 . 1 . 0 . . .
. 3 1 . 3 0 . . . . . . . . 1 2 .
. . . . . 3 . 2 . 3 . 1 . . . .
. . 0 . 1 . 0 . . . . 3 . . . .
. . . . . 1 1 . 3 1 . 3 3 .
. . 2 . 3 . 0 . . 1 . . . . .
. . . . . 2 . . 3 . 0 . 1 . .
. 3 3 . 3 3 . 3 1 . . . . . .
. . . 1 . . . . 3 . 2 . 3 . .
. . . 3 . 0 . 1 . 2 . . . . .
. 2 2 . . . . . . . 3 3 . 0 1 .
. . 3 . 2 . 3 . 1 . . 1 . . .
. 1 . 1 . . . . 3 . . 2 . 0 .
. . . 1 3 . 3 0 . 1 2 . . . .
. 3 . 0 . . 0 . . . . 2 . 2 .
. . . 1 . . 3 . 0 . 1 . 0 . .
. 1 3 . 1 1 . . . . . . 2 1 .
. . . . . 2 . 2 . 3 . 2 . . .
```

```
.  .  0 2  .  .  .  2 2  .  .  .  .
.  1  .  2  .  3  .  .  1 3  .  .  .
.  2  .  1  .  0  .  .  .  2 3  .
3  .  3  .  3  .  1 3  .  .  .  .
2  .  0  .  3  .  2 1  .  1 1
.  1  .  1 1  .  .  .  .  3 2  .
.  3  .  .  3 0  .  .  .  .
0  .  .  2 1  3 2  .  0 3  .
2  .  .  3 1  .  .  .  2 3  .
.  2 3  .  .  .  2 3  .  .  .
.  .  2 0  .  .  1 2  .  .
2 0  .  .  2 2  .  .  .  2 3
3 1  .  .  .  0 2  .  .  1 1
.  .  3 2  .  .  1 2  .  .
.  .  2 0  .  .  .  1 2  .
.  3 2  .  .  .  1 2  .  .  2
.  0 3  .  3 1  .  1 3  .  .  1
.  .  .  1 1  .  .  .  3  .
1 0  .  .  .  1 3  .  3  .
3 1  .  2 3  .  3  .  2  .  0
.  .  3 0  .  3  .  1  .  2
2 1  .  .  3  .  0  .  2
.  3 2  .  2  .  3  .  3
.  .  2 1  .  .  1 2  .  .
```

```
2     1       3     2
  3  0    3 0     1  2
    3       2 1       3
3 1   1 1       3 3   2 1
    0     2     1     1
1   1   1   3 2   1   3   1
0         0       3       1
   3 1 2     1 3     2 2 1
        2     0
1 1 2     1     2     3 1 0
     1     3 2     1
1 2     3         3     0 1
1 3     1         2     1 3
     3     2 2     1
2 1 3     1     1     1 1 1
        2     2
   3 1 1     2 3     1 2 1
1       1         3       2
2   2   1   3 1   1   1   1
     1     2     3     2
3 0   3 1         1 3   3 1
     1       1 3       1
   3   3     3 1     0   3
3       2         3       1
```

Slitherlink Difficult

```
. 3 . 2 1 . . . 0 2 . . . 1 1 . 3 .
.   1 .   .   1 .   .   . 3 .   . 2 .   .
. 1 .   3   2 .   .   2 .   . 3   3 .
. 2   0 .   .   3 .   0   1 .   . 1 .
. 1 .   .   1 .   .   1 .   .   2 .   .
. .   1 3 .   3 0 .   . 0 2 .   .   .
.   1 .   .   1 .   .   3 .   .   0 .
. 3 .   3 .   1 .   1 .   . 3 .   1 .
. 2 . 1 .   2 .   3   2 .   . 2 .
. . 2 .   3 .   .   1 .   . 2 .   .
.   3 3 .   3 2 .   . 3 3 .   .   .
. 1 .   .   1 .   1 .   .   . 2 .
. 3 .   .   2 .   2 .   .   1 .
.   2 2 .   3 2 .   1 3 .   .   .
. 1 .   2 .   .   1 .   1 .   .
. 3 .   3 .   3 .   3 .   3 3 .   1 .
. 1 .   1 .   1 .   3 .   2 .   3 .
. 3 .   1 .   .   1 .   .   1 .   .
. . 3 2 .   . 2 1 .   . 2 3 .   .
.   2 .   .   0 .   .   2 .   . 3 .
. 1 .   1 .   3 .   3 .   . 1 .   2 .
. 1 . 1 .   2 .   0   3 .   1 .
.   2 .   3 .   .   1 .   . 2 .   .
. 3 . 3 1 . . 3 3 . . . 1 2 . 1 .
```

```
2 2 1       3     0   2 3
      3   3   0     3       0
    0       3     2
1     3         1   1   0
  2       2   2     0   3   3
2     3   3
    0           2 0   1 3
3     2     2               1
        3         1         0
  2   2     3   2   3     1
2   1     3     1     2
0     1     2         3
    3         2     1     3
    3     3     2     2   3
2     1   2   3     2   2
  2       3       2
3           3     3     0
  3 0   2 0       2
              1   3       3
0   2 2     2   1     1
  3   3   2         2     3
        3     1     3
2     1     2   3   2
  3 3   1     2       3 1 3
```

Solutions

Solutions

Hashi

1

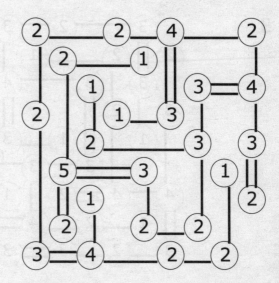

2

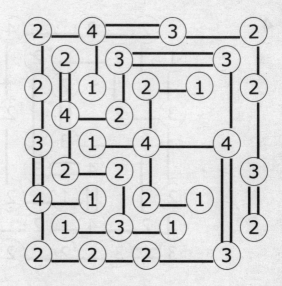

Hashi

3

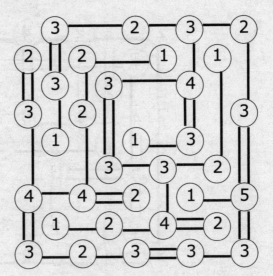

4

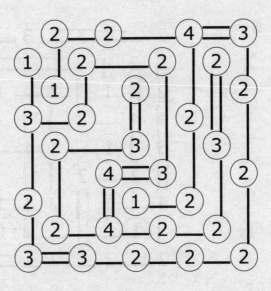

Hashi

5

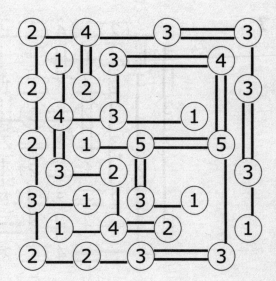

6

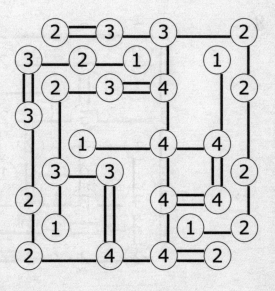

Hashi

7

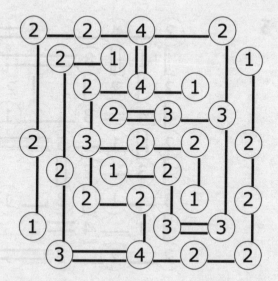

8

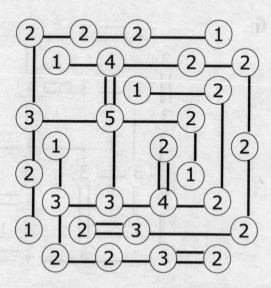

Japanese Logic Solutions

Hashi

9

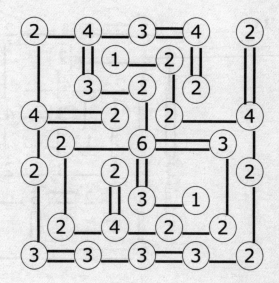

10

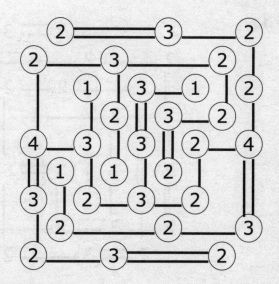

Hashi

11

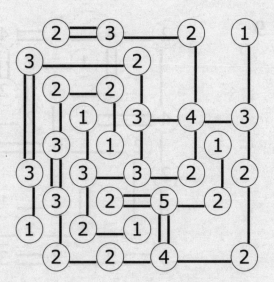

12

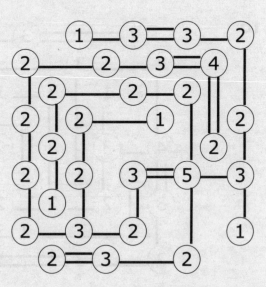

Hashi

13

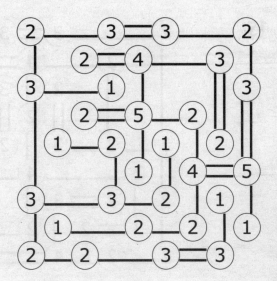

14

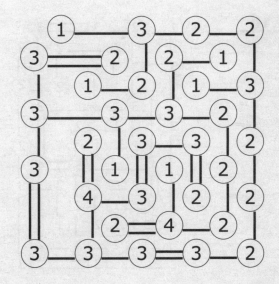

Hashi

15

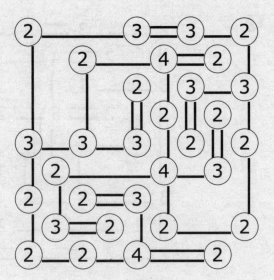

16

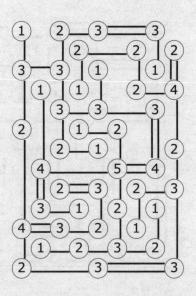

Japanese Logic Solutions

Hashi

17

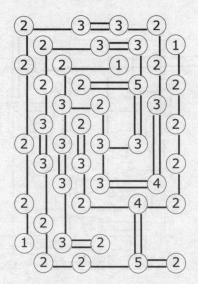

18

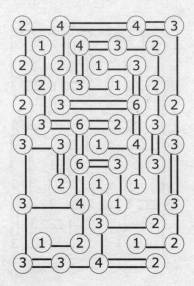

Hashi

19

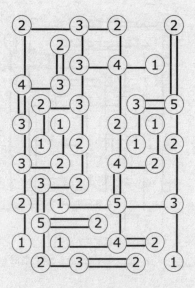

20

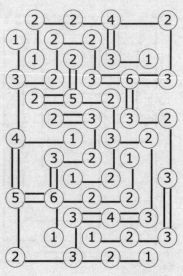

Japanese Logic Solutions

Hashi

21

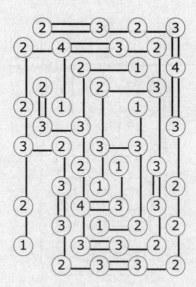

22

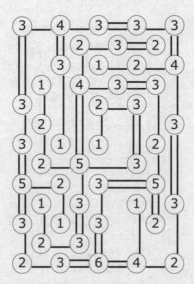

Hashi

23

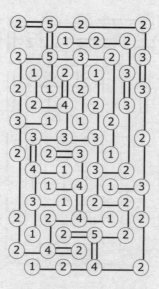

24

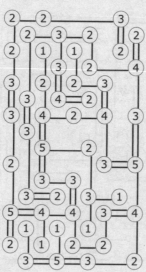

Japanese Logic Solutions

Hashi

25

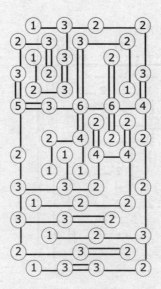

26

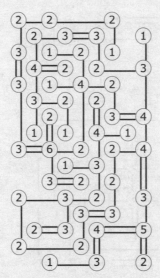

Hashi

27

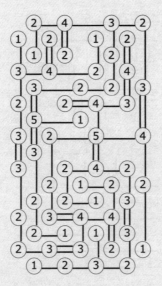

28

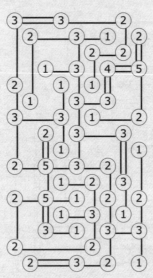

Japanese Logic Solutions

Hashi

29

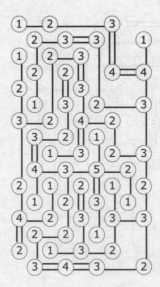

30

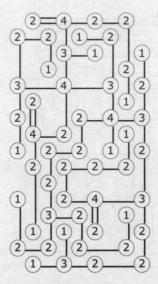

Hashi

31

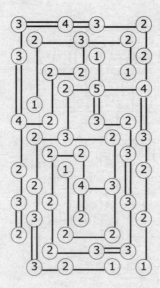

32

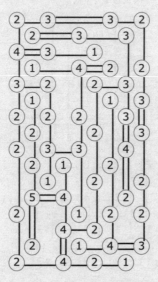

Japanese Logic Solutions

Hashi

33

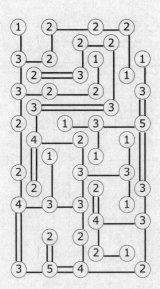

34

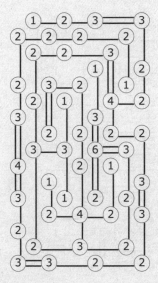

Hashi

35

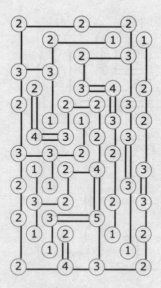

36

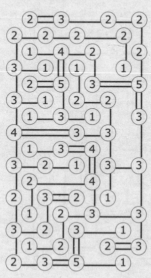

Japanese Logic Solutions

Hashi

37

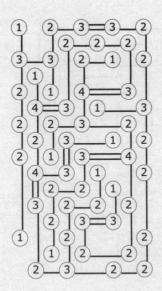

38

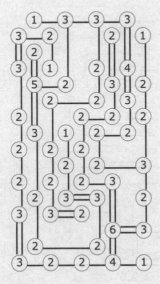

Hashi

39

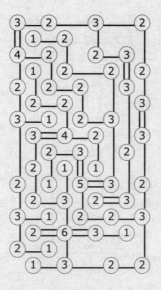

40

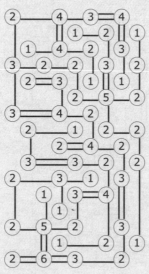

Japanese Logic Solutions

Hashi

41

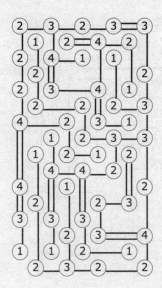

42

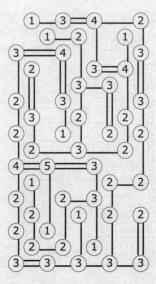

Hashi

43

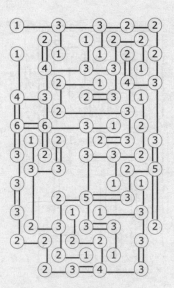

44

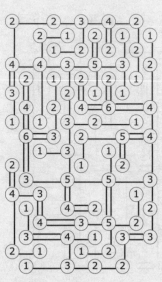

Japanese Logic Solutions

Hashi

45

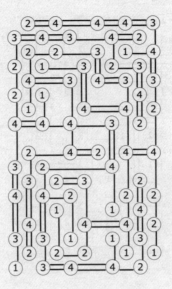

46

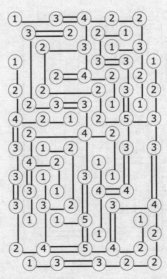

Hashi

47

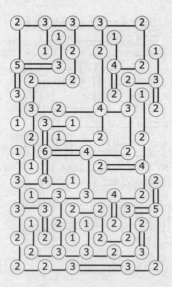

48

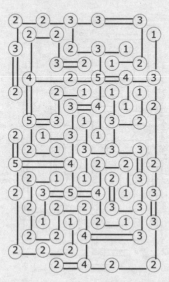

49

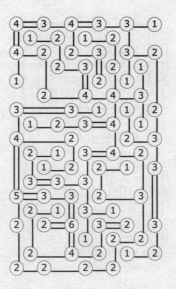

50

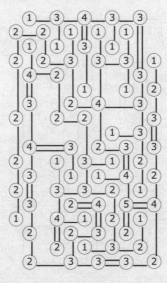

Hashi

51

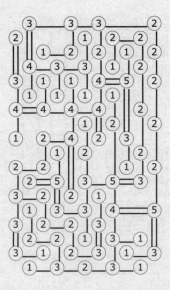

52

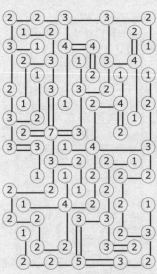

Japanese Logic Solutions

Hashi

53

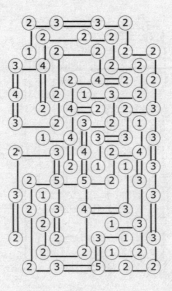

54

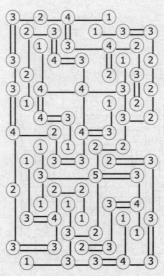

55

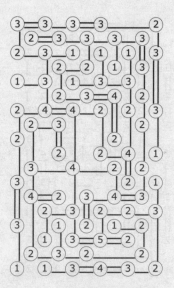

56

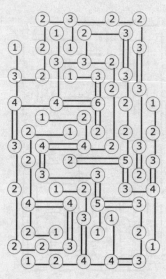

Japanese Logic Solutions

Hashi

57

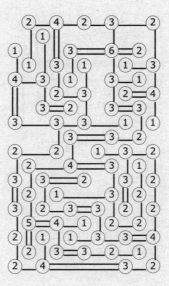

58

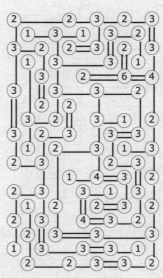

Hashi

59

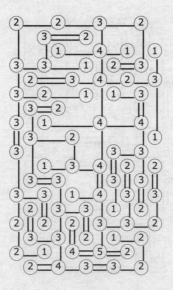

60

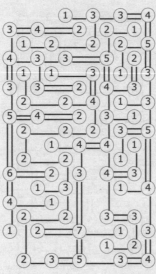

Japanese Logic Solutions

Hashi

61

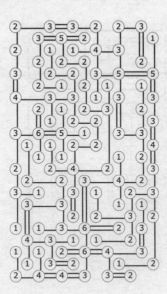

62

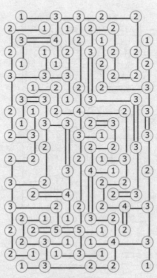

63

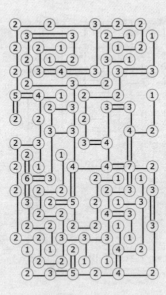

64

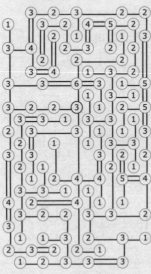

Hashi

65

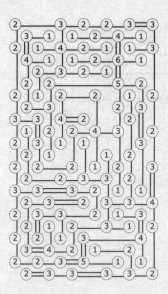

66

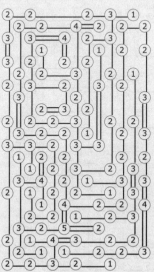

Hashi

67

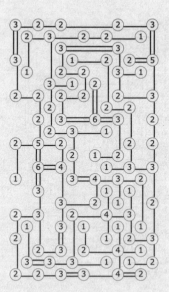

68

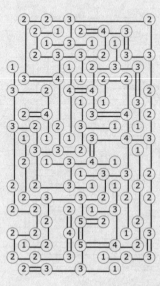

Japanese Logic Solutions

Hashi

69

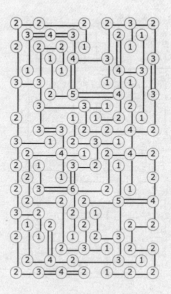

70

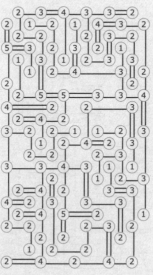

Hashi

71

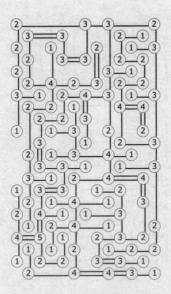

72

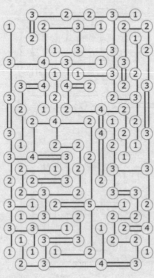

Japanese Logic Solutions

Hashi

73

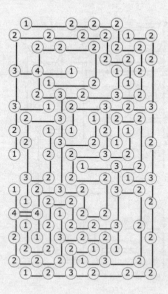

74

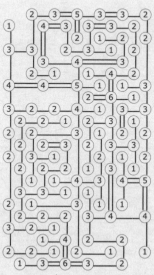

Hashi

75

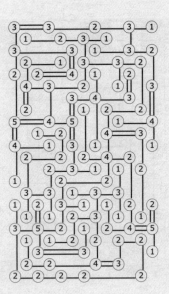

Hitori

1

	3		2	5		4	
1	4	7	3		6	2	8
	5		8	4		3	
7		2		6	3	1	5
3	8	1	4		2	5	
8		4	5	3	7		1
4	6		1		5	7	2
2		3	7	1		8	

2

	3	7	1	8	6		2
3		5		1	2	7	6
7	8	6	2		5	3	
1		3		4	8		5
	1		3	6	7	2	4
8	4	2	7		3		1
5		8	6	3		1	7
	6	4		2	1		3

Hitori

3

	8	3		6	1		5
8	2		3		7	6	1
5	3	1	4	8	2	7	
	1		8		5		4
3		2		1	8	4	6
1	6	8	2	3	4	5	7
6		4		5		8	
	7	5	6		3	1	2

4

	1		6	8		5	3
4	8	2		6	3	7	
6	2	8	5		1	3	7
8		3	1	5		4	
3	6		2	1	7	8	5
2	5	7		3		6	4
	4	1	8		5	2	
5	7		3	4		1	6

Hitori

5

■	5	6	2	1	3	■	4
3	6	5	■	8	■	7	1
■	4	■	1	2	8	■	5
2	■	8	6	■	7	5	3
5	2	4	■	6	1	3	7
6	■	2	7	5	■	8	■
1	3	■	8	■	6	4	2
4	■	1	5	7	■	6	■

6

■	1	5	■	4	6	7	■
1	■	2	3	5	■	4	8
5	8	■	2	■	7	■	3
7	3	1	■	2	8	5	4
■	4	3	5	7	2	■	1
8	■	6	■	1	4	2	5
6	7	4	8	■	1	■	2
4	■	8	■	6	5	1	■

Hitori

7

3	2		4	1	6	7	
2		1		3		4	5
4	1	8	5		3	6	
	6		7	2		3	4
5	7	2	6		8	1	
8		3		6	7	2	1
	5	6	2	7	1		8
6	3	4		5	2	8	

8

8		1		7	3	2	
6	7	4	8		1	3	2
4	8	2		3		5	
	5		6	1	8	7	3
7	4	3	5	2		6	
2		5	4		7	8	6
	2	8	7	4		1	5
3	6		2	8	4		1

Hitori

9

5	2	1	7	■	6	4	3
7	■	8	6	4	1	5	■
3	1	■	5	■	2	7	4
1	■	2	4	6	■	3	5
■	6	■	8	7	5	■	1
4	8	5	■	2	■	6	■
8	5	■	1	3	4	2	7
■	3	4	2	1	■	8	■

10

■	2	■	10	12	■	4	9	■	7	8	■
1	11	5	7	■	12	10	■	3	4	■	6
■	3	■	12	5	6	■	8	■	9	4	11
4	■	10	5	7	■	8	3	2	■	11	9
5	6	■	3	■	10	2	12	■	8	9	■
■	7	8	1	6	■	11	■	10	2	■	4
9	5	4	■	8	7	1	2	12	6	3	10
■	12	9	8	■	5	■	7	■	1	6	■
11	8	■	2	1	■	3	6	4	■	7	5
3	■	7	4	■	2	6	■	8	12	■	1
12	10	■	6	3	■	9	5	■	11	2	■
6	■	3	11	■	4	7	■	1	10	12	2

Hitori

11

1	7	2		5	3	4		8		11	12
	3		11		8	9	5	6	4		7
8	4	5	1	10	12	2		11		3	9
	1		2		6		9	4	5	8	11
12		3	9	2	10	6		1		5	
5	6	9	7		4		2		3	12	1
2		6		12		10	1	3	7	9	5
6	9		8	7	5	12	11		1		3
7		1	10	3		11		12	2	4	
4	8		6		9	3	7		12	10	2
9	10	11		8		7	4	5		2	6
	2		4	11	7	8	3		6	1	

12

7	6	2		10	8		4	5	3	1	
2		5	10		3	8		4	6		1
	3		2	6	5	4	1	10		7	8
5	4	6	3	7	1		2		10	8	9
4		8	5		6	7		2	1		3
	7	1		2		10	6	11		5	
8	2		1	3	10		7		11	6	4
10		11	9		2	1	12	3	5		6
	10	4		8		3		1		2	
3	9		11	1	7		5	12	8	4	2
1		7		5	9	6	3		2		10
	1	3	6	4		5		7	12	9	

Hitori

13

	4	6		2		10	1	9		7	
9	7		8	6	4	5		11	2	1	3
1	2	8		3		7	11		6	5	
	10		4		5	2		8	11	3	1
3	6	11	5	10		9	7		8		2
7	3		6	9	10	4		1		2	5
5		10	9		1		8	4	7	6	
	8	3		1		11		6		10	4
10	11	5	2	4	8	3	9		1		7
2	1		11		7	8		5	3	9	10
11		9		7		6	2		5		8
8	5	2	1	11	6		3	10		4	9

14

1	8		9		4		10		12	11	
	11	3	2	5	12	7	4	9	8		1
5	9		8		7		3		2	1	12
	3	4		11	9	12		10	7		2
8		5	11	9		2	12	1		4	7
11	5		1	10	8		7		6	2	
2	10	1		12	5	8		11	3		6
	12		10		2		1	4		3	8
3	1	10	12	7		9	11		4	8	
10		2	6	4	1	11		12	5		3
4	2	9		1		10	8	3		7	5
9		11	4		6	3		7	10	5	

Hitori

15

	12		6	10		3	5		7	1	11
10	5	6	9		8	12		2	1	7	
3	6	4		9	5	11	7		12	8	10
8		10	5	12		2	6	1		3	7
6	10		12	7	2		11	4	5		3
	3	7		11		10	8		9	5	2
4	2		10	3	12		1	5		9	
7		11	4		9	5		12	2		8
	7	3	2	4		9	12		8	10	5
5	4		3		10		9	7		6	
11		1		5	7	8	3		10	2	6
	11	5	7	2	1			10	3		12

16

	2	6	11	9	8		3	5		4	7
2		9	3		10	4	5		7	11	
11	6	3		7	1	5		2	4		8
9	3		10	6	5		11	7	2	8	1
3		2	8		6	1	10	11		5	
	9	4		8	11		6		1	7	2
1	8		9	11		7		4	6	2	
5		8	7	1	4	10	2		11	6	9
	10	11		5		2		8	3		4
8	7		5	10	2		4	1		9	3
7		5	4	2		3	1		9	10	
4	5		6		3	11		9	8	1	10

Hitori

17

4	2	5	3	6		7		8	11	9	12
	10		6	2	7	1	8		9		4
5		6	2	7		8	10	9		1	3
11	6	3	7		8		9	2	4		5
6	3	7		8	10	9		4	12	5	1
	7		8	3	9	12	4		5		6
7	12	8		9		4	3	5	2	6	
3	8		9	12	4		5		6		7
8		9	1	4		5		6		7	2
2	1		4		5	11	6	10	7	3	8
9		4	12	5	11	6		7		10	
	4	2	5		6	3	7		8	11	9

18

2	5		6		1	12		7	8		3
	4	5	9	1		3	11	8	12	6	2
4	3	2		5	11		10		6		9
3		6	7		8	9		4	5	10	
	12	11		3	9		5	10	2		6
7	9		5	6		4	12		1	2	8
	7	10		12	3	11	4	1		5	
5	6	4	8		10	2		3	7	9	1
6		7		11	4	1	8		10		5
1	8		3	2		5		6		4	
12	11	8		10	5		9	2	4	3	7
	2	9	10		6	7	3	5		8	

Hitori

19

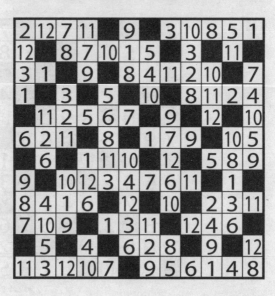

	5	4	6	3	2		10	9	1	8	
9	10		3	2		1		4	5		7
11		10	1	5	8	3	6	7	4	12	2
	4	8		11	5		2		3		1
7	3		11		9	10		8		1	
8		5	4	6		12	7	1	2	9	3
1	2		9	10	12		3	6		4	
6		3	5		1	2		11	12		10
	12	1		9		4	11		7	2	8
3	8		2	7	6		9	12	10		11
	9	11	7	1		5	8	2		10	
2	7		8		3	9		5	6	11	4

20

2	12	7	11		9		3	10	8	5	1
12		8	7	10	1	5		3		11	
3	1		9		8	4	11	2	10		7
1		3		5		10		8	11	2	4
	11	2	5	6	7		9		12		10
6	2	11		8		1	7	9		10	5
	6		1	11	10		12		5	8	9
9		10	12	3	4	7	6	11		1	
8	4	1	6		12		10		2	3	11
7	10	9		1	3	11		12	4	6	
	5		4		6	2	8		9		12
11	3	12	10	7		9	5	6	1	4	8

Hitori

21

	5	2		1		10	12	3	6		8
4	6		7	12	3		8		1	2	5
10	12	3	11	5	1	4		8	2		6
	7		5		9		3	10		11	4
8	11	6		7	4	2		1	3		10
	4		9	8	11		1	12		5	
12	2	4		10		9	6		11	1	3
	10	7	4		5	1		9		6	
1		10	3	4	8		2	7	5	9	11
7	9		1		2	3		4		10	12
2	8	5		6	12		4	11	10		7
6		1	2	3	7	5	10		8	4	

22

11		3	5	10	2	7		4		9	8
2	11		7		3	4	10	6	1		9
4	2	12		7		11		1		3	6
	12	7	4	11	8	6	1		3		2
7	9		3	4		1		2	12	10	5
3		9	12	6	1		11		2		7
	3	2		1		12	7	11	4	8	
6	4		1	12	11		9		7		10
8		1		2	7	3	12	10		5	4
10	1	6	2		12	5	4		9	7	11
12		11		9	5		3	8		2	
	8	10	9		4	2		7	11	1	12

23

	5	12		10		8	6	9	1	7	3
4		11	3	9	8		1		12		2
9	1		10		4	3	2	7		6	5
	6	4		2	3		8		7		9
7		9	11		10	12		4	5	1	
10	8	1		12		2	5		11	4	7
	11		9	7	2		4	5	6	3	
1	9	6		4		5	10	11	3		8
	3		2	8	7		11		4	12	6
2	4	5	6		11	9		3		8	
	7		5	11		4	3	6	10	2	1
5	12	7		3	9	1		2		10	

24

7	4	6		11	1	8		5		9	
	10		1	8	2		5	9	11	6	7
5	6	11		4	9	3	8	10		12	
4	3	10	5		7		2		1		8
10		8		7		11	3	12	9	2	1
1	2		12	6	8	7	9		4		5
12		2		3		9		6	10	11	
2	1	3	8	5	11	12	4		6		10
11		4		12		1		2	7	8	6
3	7		2		5	6	1		12		4
8		5	11	9	4	10		7	2	1	12
	5	1	9		3	4	12		8		11

Hitori

25

26

27

	1		2	3	4	10		5	13	16		14	17	8		7
1	2	7	16		17		10	14	8		13		15	11	12	9
10		3		6	5	8		7		1	16	9		4	17	13
12	13	4	6		9		1	17	2	7	11		8	3		5
15		10	7	9		11	17	6		8		1	2		4	
	6		17	16	15	14	13		5		9	8	1	12	11	3
2	3	5		1		6		8	4	9	12		13		14	
	4		9	11	13	2	8		7		6	3	5	1		15
11	10	9		8		12	14	13	1	15		17		2	3	16
5		11	1		12		3		6		4	10	14		13	
	14	13		12	8	17	16	3	9	6		4		5	2	1
16	15	2	12	5	1		4		17		10		3		8	
	17	15		13		9	11	2		12	5	16	6	7		4
4		16	14		2		5	1	3	11		6		9	7	12
8	12	17		15	14	3		11		4	7		9		5	10
	9		5	17		16	12		10	3	14	7	4	6		11
3	5	8	11		16	13	9	4		10		2	7		15	6

28

	10		7	3	14	9		11	2		17	5	8	16	12	1
14	8	1		5		3	9	13		12		10		6		4
	13		15	17	10		2		3	11	12		6	1	9	
7	2	6	4	11		1		9	13	8		17	16	14	3	5
	15		2		1	17	7	6	5		4		9		14	
12		2	5	8		4		14		9	7	3	11	10		6
8	1		9	4	6		12	5	10		13		17	15	16	3
10	5	14		9		8	6	4	11	2		15		12		13
	14		10	2	9		11		12		5	7	4		13	15
11	9	8		10		13	17	15	14	1		4		5	2	12
	4		16	12	11		13		15	3	2	1	14	7	5	
4	7	5	6	13		11	8	3		14		12		9	1	10
1	6		13		8		14		16		9		12	2	11	
2		10		14	7	5	1	8	17	4	16	11		3	6	9
13	12	4	14	1	3		10		9		11		7		8	17
5		9		15		6		10	4	13		2	3	8		7
9	11		12	7	13	2	3		1	16	14		15	17	10	8

Hitori

29

30

Mosaic

1
Bonfire

2
Cleaning

Mosaic

3
Cocktail

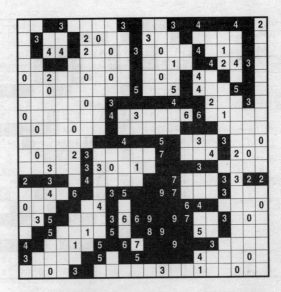

4
Hammer

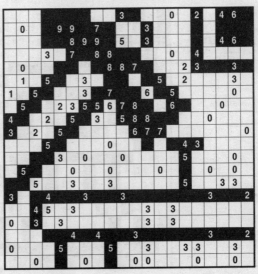

Mosaic

5
Mouse

6
Rocking Chair

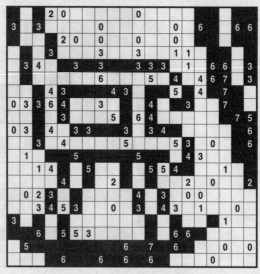

Mosaic

7
Scarecrow

8
Clock

Mosaic

9
Atom

10
Sombrero

Mosaic

11
Rooster

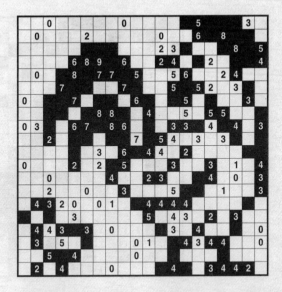

12
Father &
Baby

Mosaic

13
Rain

14
Fruits

Mosaic

15
Sumo Wrestler

16
Jazz Musician

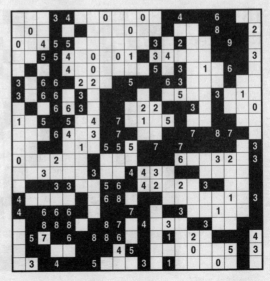

Mosaic

17
Water Polo

18
Kangaroo

Japanese Logic Solutions

Mosaic

19
Surfer

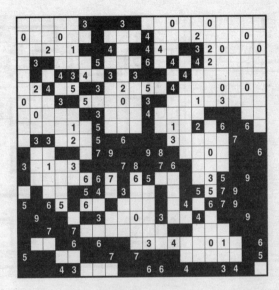

20
Girl

Slitherlink

1

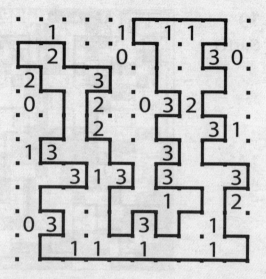

2

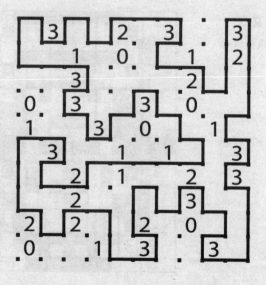

Slitherlink

3

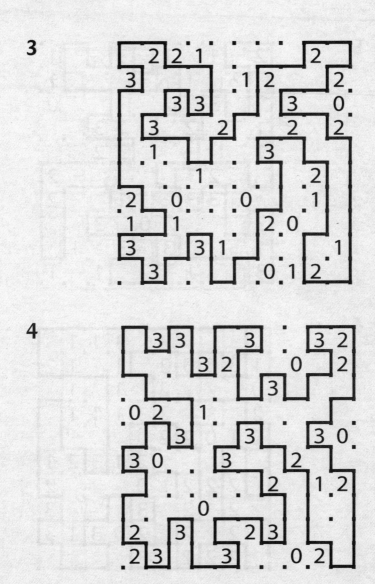

Slitherlink

5

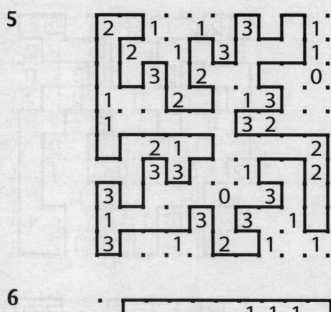

6

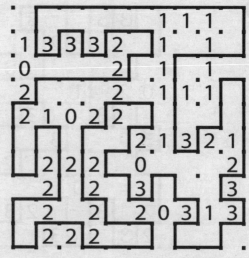

7

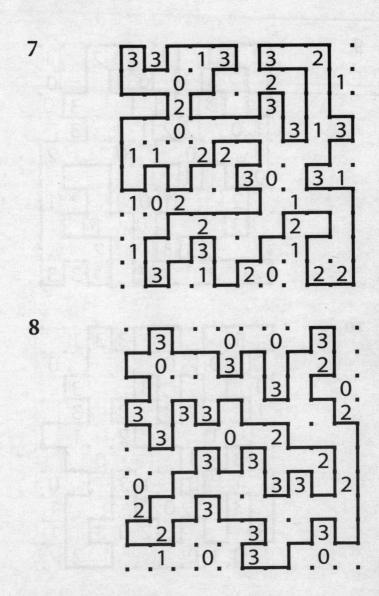

8

9

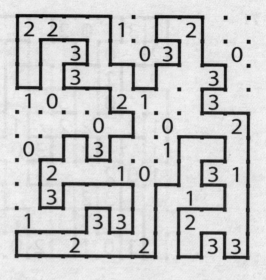

10

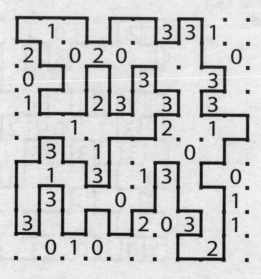

Slitherlink

11

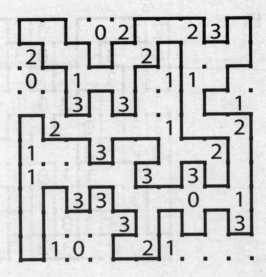

12

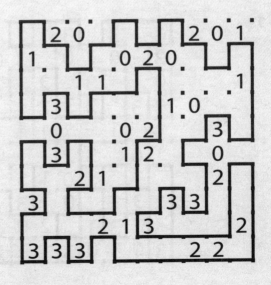

13

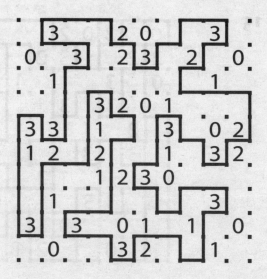

14

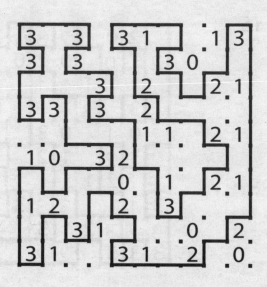

Slitherlink

15

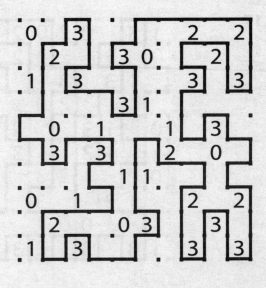

16

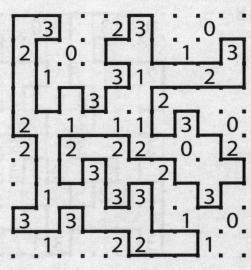

Slitherlink

17

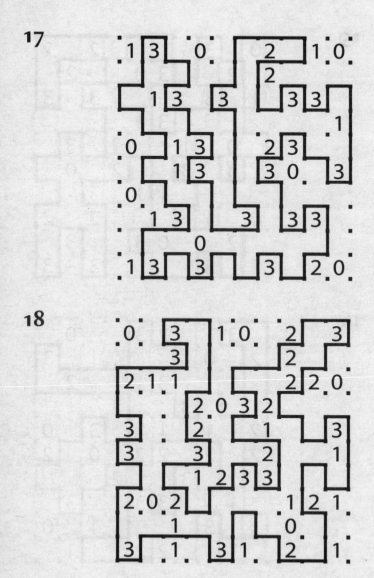

18

Slitherlink

19

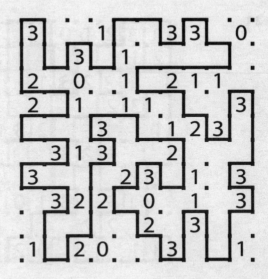

20

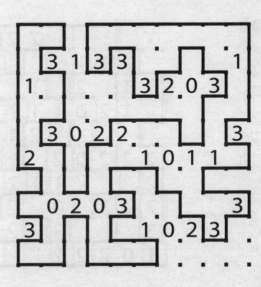

Slitherlink

21

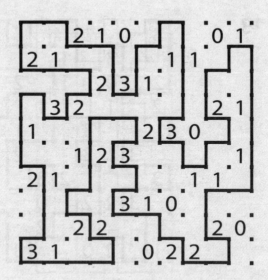

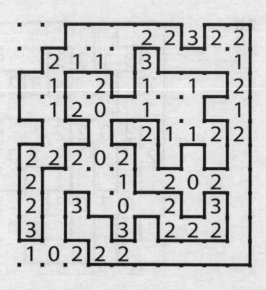

Japanese Logic Solutions

Slitherlink

23

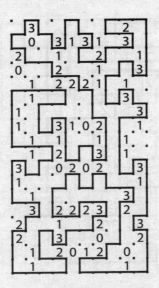

24

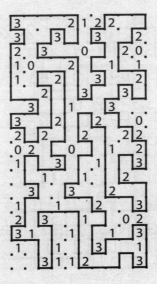

Slitherlink

25

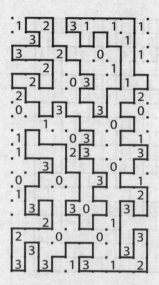

26

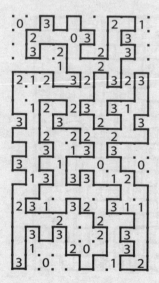

Slitherlink

27

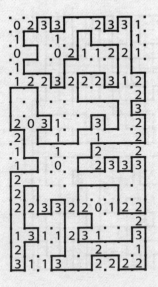

28

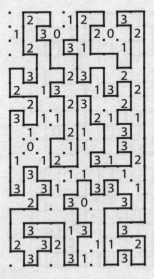

Slitherlink

29

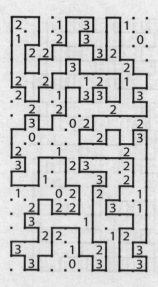

30

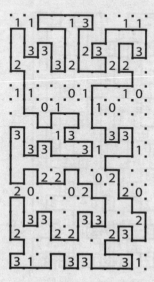

Slitherlink

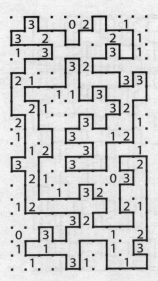

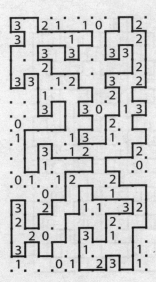

33

34

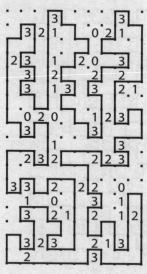

Slitherlink

35

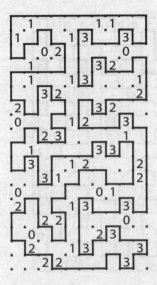

36

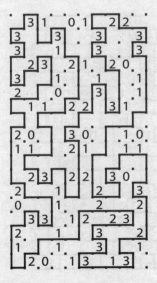

Slitherlink

37

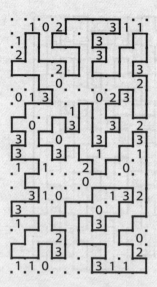

38

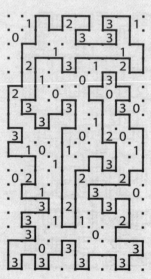

Japanese Logic Solutions

Slitherlink

39

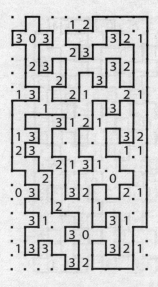

40

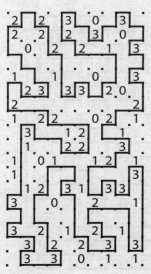

Slitherlink

41

42

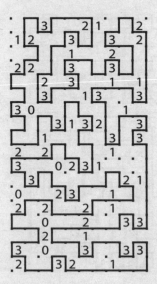

Slitherlink

43

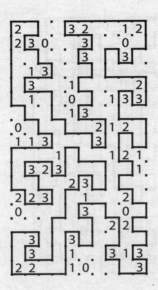

44

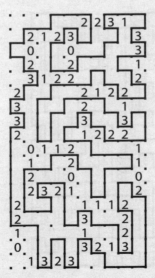

Slitherlink

45

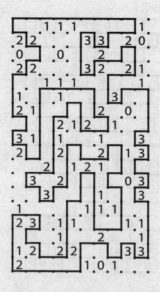

46

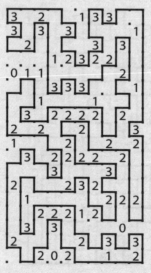

Slitherlink

47

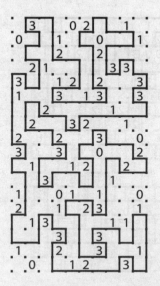

48

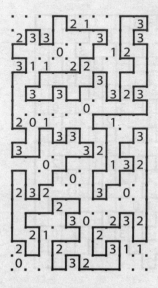

Slitherlink

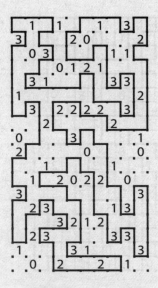

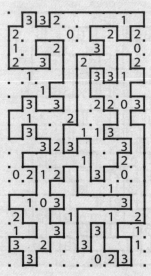

Slitherlink

51

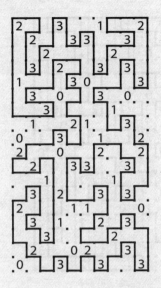

52

Slitherlink

53

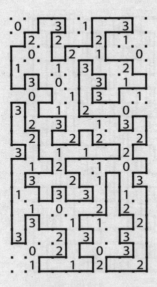

54

Slitherlink

55

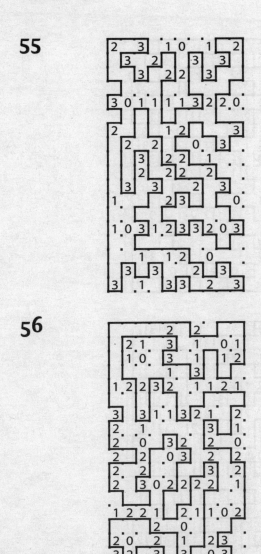

56

Slitherlink

57

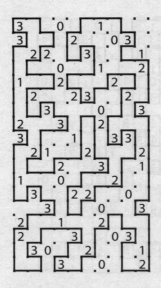

58

Slitherlink

59

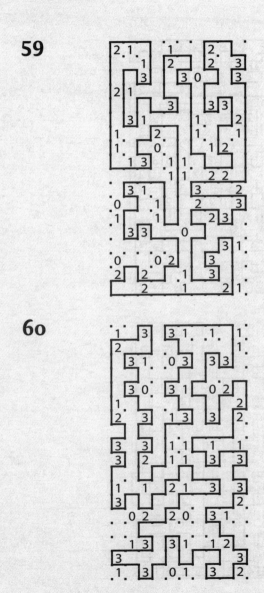

Slitherlink

61

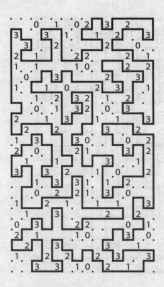

62

Slitherlink

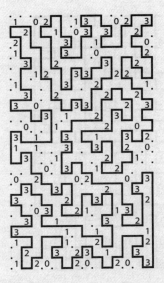

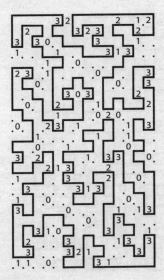

Slitherlink

65

66

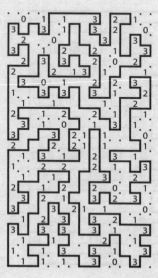

Japanese Logic Solutions

Slitherlink

67

68

Slitherlink

69

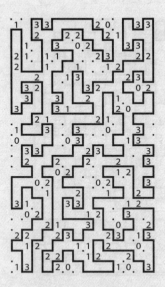

70

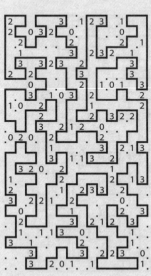

Slitherlink

71

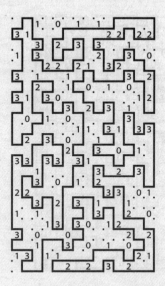

72

Slitherlink

73

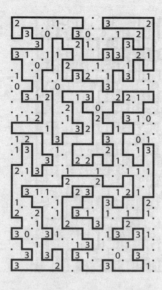

74

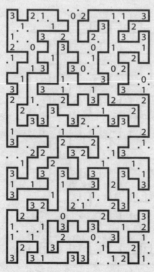

Slitherlink

75

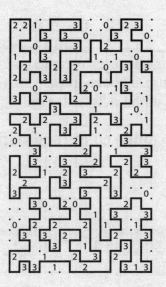

If you would like to receive email updates on the latest *Times* puzzle books, please sign up for the HarperCollins email newsletter on

www.harpercollins.co.uk/newsletters

Also available:

The Times Su Doku Book 1	ISBN 0-00-720732-8
The Times Su Doku Book 2	ISBN 0-00-721350-6
The Times Su Doku Book 3	ISBN 0-00-721426-X
The Times Su Doku Book 4	ISBN 0-00-722241-6
The Times Su Doku Book 5	ISBN 0-00-722242-4
The Times Bumper Su Doku (Books 1-3 in one volume)	ISBN 0-00-722584-9
The Times Su Doku Giftset (Books 1-3 in a slipcase)	IBSN 0-00-722295-5
The Times Killer Su Doku	ISBN 0-00-722363-3
The Times Su Doku for Beginners	ISBN 0-00-722598-9
The Times Su Doku (mini format)	ISBN 0-00-722588-1